大夏书系·西方教育前沿

教育变革

利用脑科学改善教学与校园文化

（美）奥拉西奥·桑切斯（Horacio Sanchez）著
任红瑚　叶川　译

The Education Revolution

How to Apply Brain Science to Improve Instruction and School Climate

华东师范大学出版社

The Education Revolution: How to Apply Brain Science to Improve Instruction and School Climate

By Horacio Sanchez

Copyright © 2017 by Corwin

Simplified Chinese translation copyright © East China Normal University Press Ltd, 201 .

Originally published in English by Corwin Press, Inc., a SAGE Publications Inc. company in the United States, United Kingdom and New Delhi.

英文原版由 Corwin Press, Inc., a SAGE Publications Inc. company 2017 年在美国、英国、新德里出版发行。

中文简体字版由 Corwin Press, Inc. 授权华东师范大学出版社有限公司独家翻译出版发行。

All Rights Reserved.

上海市版权局著作权合同登记 图字：09-2019-145 号

目录 | contents

序　让脑科学知识成为改善教学的力量　001
导　言　001

第 1 章
基于脑的教学方法　001
大脑学习的生理机制　001
师生关系的重要性　006
让大脑为学习作好准备的策略　007
介绍新主题的技巧　010
基于大脑的、能够提高记忆的策略　013
小　结　020

第 2 章
高水平思维让学习更轻松　023
语言习得告诉我们什么是学习　023
学习的基础　029

第 3 章
学习的三个层次 031

第一个前提　032
第二个前提　033
核心知识　035
原则与应用　036
高水平思维　037
在课堂环境中实施三层次学习的策略　037

第 4 章
将核心知识自动化 040

自动化水平的下降　040
长时程增强　046
示　例　049

第 5 章
通过具身认知来学习原则与应用 053

关于具身认知的研究　054
大脑的潜意识和无意识的战斗为语言带来意义　056
具身认知策略　059

第 6 章
高水平思维的目标 064

什么是高水平思维　064

锻　炼　065
　　教师如何提高学生的高水平思维　066
　　高水平思维与社会互动　070
　　课例附录　074
　　　　词汇习得与使用　075
　　　　夸　张　082

第 7 章
促进学生成功是重燃学习积极性的关键　097
　　奖赏缺乏综合征　098
　　多巴胺的作用　099
　　教育的作用　101
　　如何提升自我控制和注意力　107
　　课例附录：提升自我控制和注意力　112
　　　　促进心理转变的三大策略　113
　　　　如何在课堂环境中向学生介绍感官基础训练　117
　　　　问题解决　120
　　　　为什么找到办法管理我们的情绪很重要　121

第 8 章
悖论：学得慢和天赋异禀的学生　125
　　自我的最初感知来自他人　125
　　成功的内在动力　126
　　教给学生关于大脑的知识　128
　　建　议　130

第 9 章
关于作弊的科学研究 131
作弊已经不再是一种违规行为了吗 131
作弊的氛围 134
作弊的后果 136
建 议 137

第 10 章
同理心的消退 139
同理心得分直线下降 139
为什么同理心得分会下降 141
低同理心对理解的影响 143
建 议 144
午餐的社会意义 145
告诉学生面对面交谈的重要性 146
告知家长有必要限制暴力的媒体内容和游戏 146

第 11 章
新的校园欺凌 148
女孩欺凌行为在增加 148
男孩挥拳，女孩排斥 150
减少欺凌的有效策略 152
窗帘后面的欺凌 153
建 议 156

第 12 章
饮食与教育 158
在养成饮食习惯方面学校起着关键作用 158
肥胖的新风险 159
沉溺于消极行为 164
即时满足的需要 166
饮食习惯影响大脑功能 167
建　议 168

第 13 章
男性与女性的大脑 172
雌激素的作用 172
睾酮的作用 174
建　议 175

第 14 章
偏见的微妙影响 178
隐性偏见 178
偏见的早期形成 181
环境产生偏见 181
建　议 183

第 15 章
设计替代行为　185
成绩不好的学生经常患有"奖赏缺失综合征"　185
干预需要多巴胺强化　187
消极偏见与惩戒　188
咨询的缺憾　189
确认偏误　190
基于神经科学的替代行为方法　191
设计替代行为　193
考虑替代行为的保护性因素　200
课例附录：如何设计替代行为　203
　　呈现问题　203
　　如何促进保护性因素　204
　　所选择的保护性因素：与同伴相处的能力（社交技能）　204
　　课程目标　205
　　如何更成功　205

第 16 章
教育的变革　224

参考文献　229

序　让脑科学知识成为改善教学的力量

　　科学技术飞速发展的今天，人类显得越来越强大，上天入地，探索宇宙，似乎无所不能，尤其是人工智能技术也开始大显身手，但实际上我们人类对自身智能——人脑——了解依然十分有限，对"意识""思维"等是如何发生的依然不甚明了，大脑作为宇宙中最复杂的系统之一，依然有许多未解之谜等待人类去探究。因此，在许多人看来，脑科学知识很高深，难以理解，教师也普遍认为脑科学知识离自己的教育教学很遥远。不过，在下这个结论之前，我们先来看看在日常教育实践中一些常见的做法：

　　尊重学生，鼓励学生，建立良好的师生关系；
　　创建良好的班级氛围和学习氛围；
　　教授新知识时精心设计教学活动，将以前学过的知识与新知识联系起来；

设计教学活动让学生亲自动手操作，亲身体验；

复习时，用各种图形表现形式向学生展示单元的整体结构……

这些做法是很多优秀教师的经验之谈，也是被不断证实为有效的教学实践，可是为什么会奏效？很少有人能说清楚，我们仅仅是知其然，而不知其所以然。其实这些有效的教学活动背后都隐含着大脑工作和学习的原理，若用脑科学知识来解释一些教育教学原则、现象，我们就会恍然大悟、豁然开朗。

脑科学的研究告诉我们，大脑的基本功能依次是：生存反应，满足情绪的需要，认知学习（Carter，1998）。在让学生开始学习之前，我们先要满足他们的情绪需要，要让学生感到安全、快乐，积极的情绪能提升他们的学习效果，激发创造力，而处于压力环境下所产生的负面情绪如紧张、焦虑、恐惧等则会损害注意、记忆，对学习有不利影响。因此，营造学习的情绪氛围是教师每日工作中最重要的事情。尊重学生，鼓励学生，不仅仅是师德的要求，也是为了让教学更高效。

大脑在学习新事物时，最初会感觉比较费力，因为它需要更多的专注和努力。在获得一项新技能的过程中，大脑自然倾向于放弃，或回归到熟悉的方法，因为这样的处理更自动化。将新知识与先验知识联系起来，一方面是降低了新知识的难度，使学生更容易接受，新知识也更容易进入长时记忆，另一方面则是让学生与学习内容建立了情感连结，使新知识与学生具有更多联系，更有意义。

每个感官处理信息的方式都略有不同，并各自以独特的方式将信息存储在大脑中。如果在教学过程中让学生动手操作，去感知，去体验，激活各种感官，那么他们将获得更多的存储和检索信息的方法，这样的教学方式会让学生学得更快，记得更牢。近些年来大受欢迎的项目式学习、小组合作探究、综合实践活动等教学方式效果显著，原因也在于此。

来自神经和认知科学研究的许多有价值的发现，比如情绪、注意、记忆、运动、睡眠等等，不断加深了我们对认知和学习的理解，也改变了我们以往的一些错误观念，比如，对运动的偏见。一直以来，从学校到教师再到家长，都普遍忽视了孩子们的体育锻炼，然而运动对于大脑的发育具有非常重要的作用。再比如，教育领域非常重视"教"，各类师资培训往往都致力于如何提高教师"教"的水平和技巧，而学生的"学"一直以来备受忽视，怎样让学生愿意学，学得快，学得好？这些重要问题却少有人关注。

神经和认知科学的发展日新月异，但是实验室里的研究能真正专门用于教学的很少，在研究和实践之间还需要一座桥梁，为教育者们提供有用的、可操作的方法，这本书就是在做搭建桥梁的工作。书中一方面整合了神经科学和心理学的相关研究成果，解释了它们是如何影响教育的，另一方面阐明了如何在课堂与学校内应用这些前沿的科学研究。

本书的前6章介绍了基于脑科学研究的教学方法，比如，怎样让大脑为学习作好准备，提高记忆的策略，学习发生的三个层次，怎样通过具身认知来学习，怎样提高学生的高水平思维等。之后的章节告诉我们如何运用脑科学研究来应对校园里的各种负面行为，比如缺乏学习动机、校园欺凌等。最令教师和家长头疼的是孩子厌学，逃避学习，作者解释了大脑中多巴胺的分泌如何影响孩子的学习与生活，教师如何提升孩子的自我控制力和注意力，以促进孩子的成功。科技进步从来都是一把双刃剑，学生可以通过手机、电脑等电子设备轻易地获取丰富的资源，因而他们使用这些多媒体技术的时间大大增加，与人面对面互动的时间却在减少，这成为他们同理心逐渐消退的重要原因，而同理心消退不仅严重影响了他们的社会行为，比如导致更多的欺凌事件发生，也严重影响了他们的学业成绩。研究发现，提高学生的社交技能，改善学生之间的关系，可以减少欺凌、言语冲突和身体冲突，营造安全、友好的校园氛围。此外，第15章的课例附录呈现了一堂社交技能课，非常详细地介绍了如何让学生学会识别并正确解读非语言线索，提高亲和力和社交技能。

随着神经和认知科学的发展，越来越多的教与学的秘密将被揭示出来，我们将能更有效地提升教与学的效果，更科学、理性地应对孩子的各种问题行为。尊重科学，同时也让我们的教育回归到了原点——尊重每个独特的大脑，尊重每个独特的个体。

这本书的翻译由我和叶川合作完成，叶川是北京大学基础医学院在读博士，他翻译了本书的第一章，并负责把关本书中的专业术语与概念。在翻译过程中还获得了北京师范大学赵希斌老师、中国科学院心理所李甦老师、陕西师范大学陈旭海老师的悉心指导，在此致以衷心的感谢。同时也感谢我的领导李永梅，同事杨坤、韩贝多……是你们的鼓励让我有勇气接受这个挑战。由于译者水平有限，在翻译中出现的错误，请读者不吝指正。

任红瑚

导　言

　　学习动力并非仅仅与学业成功相关，人类大脑有奖励学习的机制，这一机制不是为了学术追求，而是为了生存。一个健康的大脑，其自身的维持和调整需要每天学习新的东西。因此，失去学习动力的学生不仅可能在学校中失败，而且也可能在生活中失败。他们的健康成长取决于每天学习所带来的奇妙转变。

　　这一段引用的话恰好说明了这本书的目的，即如何利用最新的神经生物学研究来揭示大脑是如何学习的，以及为什么会产生某种行为。当试图将当前的大脑研究应用于行为和学习领域时，一个普遍存在的问题是，主要进行这些研究的两门学科——神经学和心理学，往往关注不相关的问题。神经科学极少关注学习，它常常局限于细胞及其化学功能的研究。而心理学往往关注如何通过规范的行为矫正手段来完成治疗与行为改变。学校心理学工作者了解教育，他们努力将心理测评进行转化，使之对教学与学生行为的改变产生意义。事实上，脑科学与心理学的研究进展都没有被运用于课堂。这本书恰逢其时，因为这个话题虽然被普遍谈及，但很少能超越它的理论层面、进入应用领域，真正帮助教师运用最新的脑科学和心理学的研究与发现。这本书综合了神经科学与心理学的相关研究，不仅解释了它们是如何影响教育的，而且阐明了如何在课堂与学校内应用这些最新的研究。

本书的前半部分描述了运用脑科学研究的一些具体的教学策略，比如，将身体运动融入课程教学，帮助大脑理解抽象概念。后半部分介绍了新的脑神经研究如何引导教师更好地利用课程来达成预期目标，并提供了具体的步骤帮助教师完善课程的内容和结构，促进所有学生的学业进步。如何更好地利用课程很重要，因为当今的课程设计趋势是让教师重点关注更高的学习目标，但大多数课程的结构反而使学生获得高水平思维能力的可能性减少了，这让师生都备感沮丧和挫败。

感到挫败的教师难以尽全力，感到挫败的学生失去了学习的动力，也更容易表现出负面行为。比如，当学生答错问题时，他们得不到多巴胺[①]的强化，只有在回答正确时才会得到。多巴胺的反馈驱使学生不断地努力，不断地去寻找正确答案。因此，让

[①] 多巴胺是大脑中最重要的神经递质之一，能够调控中枢神经系统的多种生理功能。它和人的情欲、感觉有关，传递愉悦、开心的信息。此外，多巴胺也与各种上瘾行为有关。——译者注

学生获得成功是修复学习动力的关键。在当下的学术氛围中，所有谈论教学的书都需要关注如何修复学生的学习动力。如果学生不想学，那么最好的教学策略也是无效的。这本书将解释学生失去学习动力这一现象何以越来越严重，以及如何解决这一难题。

今天的教育制度的另一个副产品是学生的负面行为越来越多，这在一定程度上是因为它与技术的互动不断增加。许多教师都意识到科技在网络欺凌等负面行为中所起的作用，很少有教育者认识到这也是学生大脑被重塑的结果，即变得更难以专注，对他人的感受更加冷漠。教师们都在呼吁要寻求更好的办法来提高学生的注意力，减少他们的各种负面行为。这本书提供了预防和处理各种负面行为的策略，用这些独特的方法来应对那些最顽固的学生也被证实是有效的。

当人类的大脑能快速地将新知识与先验知识建立连结的时候，就能轻松地理解新知识。教材编写者和教师一直在为此努力——既要使新知识更容易理解，又要避免过于简化，使之失去学科学习的挑战性。这本书的目标之一就是介绍神经科学的新进展，为常见的教育问题提供解决方案。尽管本书已尽力用通俗的语言来讨论神经科学，但神经科学的一些术语和理论的使用仍是不可避免的。要认识到这一点，即大脑在处理新的术语和概念时会运转得更慢，因为新知识与先验知识没有关联起来。因此，可以预料到，本书中那些探讨我们所熟悉的话题的部分理解起来将会更容易。阅读时认真思考和回顾本书前半部分的一些有挑战性的内容，将有助于我们获得更高水平的理解。

本书的后半部分告诉教师如何运用最新的神经生物学研究来

应对今天校园里让人头疼的负面行为。整本书的重点在于让抽象的科学变得具体。许多类似主题的资源不断出现只是为了解释问题。教师最需要的是，如何帮助他们提高学生的成绩，重新点燃学生的学习热情，以及管理学生的行为。

　　为什么要呼吁教育变革？变革是组织结构在相对短的时间内发生的基本变化。本书关注的许多问题不仅对于年轻人的教育至关重要，对于他们的身体、社会性以及情绪健康都至关重要。当发生的变化真的能够显著地改善每个孩子的生命质量时，我们就必须确保采取快速、果断的行动。

第 1 章　基于脑的教学方法

课堂教学的成功与否常常是由课程导入的那一刻决定的，因为大脑接触到难以理解的新信息时总是反应迟钝。本章的策略将有助于提高学生思考和理解新知识的能力，促进新知识进入短时记忆，加强他们对新知识与生活相关性的认知。

大脑学习的生理机制

很少人写文章来研究课程实施的方法以及它与有效的实践和结果的关系。例如，实施的教学方法是否能促进不同学生的学习，包括有天赋的学生和学习困难的学生？从理论上讲，生物与环境因素会导致大脑功能的改变。而大脑功能的改变将直接影响个体学习、记忆知识的能力。因此，我们可以采用最适宜大脑的教学方法，从而让学生学得又快又好。

大脑的最佳功能状态建立在大脑中化学分泌物平衡的状态下，即稳态。当处在不平衡状态时，大脑处理新信息的能力就会下降。很多人不知道的是，当新信息难以理解或与之前的学习相矛盾时，大脑的反应会对其化学物质的稳态造成影响。大脑是通过神经元来传递信息的。在情绪产生的过程中，神经元通过化学信号传递信息。神经元之间信息传递的效率会影响大脑对信息的理解。传出信号的神经元释放大量神经递质，作用于接收信号的神经元。一个神经元可以与20000个神经元沟通。大脑共有1000亿个神经元，它们分别与20000个神经元沟通，因而记忆过程非常复杂。

健康的大脑知道什么时候传递、传递多少、传递哪一类化学物质，以及如何处理每一类化学物质以产生相应的反应。基本而言，这个化学过程可以解释个体的所有行为，并解释了为什么可以将学习障碍、大脑病变的情况归结为大脑内的化学异常。神经元受损将导致大脑内化学物质水平的改变，从而导致学习异常。多种因素都可能导致神经元的损伤，如遗传缺陷、持续的压力、创伤经历等。即使是短暂的压力也会阻碍学习，直到大脑化学物质恢复稳态。在儿童生命早期，如果关键刺激被剥夺也会导致神经元功能的改变。然而目前还不太为人所知的是，在青少年大脑重新建立连结的时期，大量接触基本刺激也是必不可少的。学生在青春期所从事的活动可以高度预测大脑以后的能力。

当学生大脑内的化学物质不平衡时，他们身体的各个器官、系统都会受到影响，如心血管、肺、皮肤、唾液腺、肌肉、消化系统、免疫系统等（Chiras, 2012）。患有学习障碍或大脑病变的个体，大脑中化学物质不平衡的状态会持续存在。例如，攻击性强的儿童，大脑中存在5-羟色胺不平衡。然而很多人不知道的是，大脑中任何化学物质的异常分泌都会对学习产生长期或短期的影响。健康的学生在压力状态下，也会经历记忆和理解障碍，这种障碍与上述化学物质持续失衡的同龄人相似。不同之处在于，健康的学生受到的影响只是暂时的。教师需要重视短期化学物质失衡，即重视处在压力状态下的学生们的短期记忆和理解障碍。化学物质失衡持续的时间越长，纠正失衡就越困难。

脑干位于大脑底部，它对机体的内稳态起调节作用。这个调节过程通过自主神经系统完成。自主神经系统遍布于全身，并调节心率、呼吸频率和消化。自主神经系统分为两部分：交感神经系统使我们警觉，副交感系统使我们平静。当我们机体的化学物质失衡时，交感神经系统会引发压力、愤怒以及异常行为；副交感神经系统会令人昏睡、乏味，甚至抑郁。为了保持内稳态，我们的大脑需要感到安全，并处于不过分激动也不过度抑制的微妙平衡状态。

化学物质分泌模式的改变不仅影响大脑底部，而且会影响大脑的中部——控制饮食与睡眠的区域。大脑的中部主要指的是边缘系统，边缘系统主要包括下丘脑、杏仁核和海马。杏仁核决定情绪反应，情绪反应会影响身体的所有功能，尤其是饮食和睡眠。这就是为什么人们在经历了诸如离婚、限期完成工作或亲人去世等应激事件后，他们的饮食和睡眠模式往往会受到短期的干扰。边缘系统的化学物质失衡解释了许多精神病诊断与饮食、睡眠模式的改变共同存在的原因。

边缘系统的化学物质失衡带来的影响使整个神经系统产生连锁反应。边缘系统被认为是人类情感的中心，它告诉我们什么时候该逃跑，什么时候该战斗。简单来说，它是身体面对危险时作出反应的调控中心，不论是真

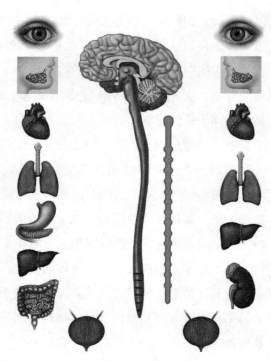

大脑影响身体的功能

实存在的危险还是感受到的危险。边缘系统在对刺激作出反应之前，会与大脑皮层进行沟通。大脑皮层负责推理和执行功能，它接收数据并搜寻相关信息，以帮助人们根据先前的经验作出合理的决定。在分析数据后，大脑皮层与边缘系统沟通，并调整情绪反应的水平。然而，在化学物质严重不平衡的情况下，边缘系统可能会不经大脑皮层参与，自己作出冲动的决定。**正是这种冲动和错误的感知导致了许多有情绪问题的儿童做出非理性的行为。**

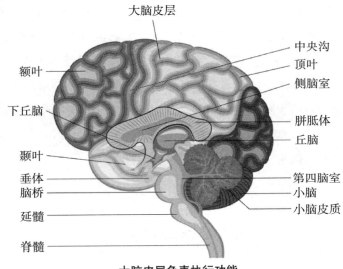

大脑皮层负责执行功能

化学物质分泌模式的改变不仅影响行为，也影响学习。海马是边缘系统的重要组成部分，它是初始学习和短时记忆的场所。化学物质失衡会导致初始学习减缓，并使长期的学习受到阻滞，因为长时记忆建立在短时记忆的基础之上。睡眠和饮食模式的改变也会损害大脑皮层的逻辑运算能力。当大脑皮层功能受阻时，推理和解决问题的能力就会减弱。

当大脑无法适当地管理它产生的化学物质时，它就不能达到最佳学习状态。那些大脑无法控制体内化学物质分泌模式的儿童往往经历着更多的危险因素。风险的增加又会进一步导致大脑化学物质的变化。

在每个教学过程和实践中我们都要反思大脑是如何学习的。例如，在帮助学习困难的学生时，应考虑采取能提高大脑功能水平的策略,从而让他们易于接收信息。教师应获得的最有价值的知识是了解大脑如何工作。不管学生面临的困境有多复杂,运用这些知识指导教育与教学,都能对学生的表现产生积极的影响。好在基于大脑的策略具有普适性,有助于某一个大脑学习的策略能帮助所有的大脑学习。当教师学习并使用适于大脑学习的教学策略时,将会有效提高学生的认知能力。同样,学习是获得更健康的大脑的秘密。学习实际上是一种治疗。

师生关系的重要性

有一点需要预先说明,使用基于脑的策略来改善教学时,要使这个效果最大化,教师必须拥有与学生建立良好关系的能力。每一个基于脑的策略都将给指导者提供有效的工具来促进学生学习。研究表明,除非教师知道如何与学生建立积极的关系,否则使用策略并不能让学生受益。有关复原力的研究表明,那些遭遇多种危险的学生之所以能够挺过来是因为至少有一位有养育关系的成人陪伴。此外,大量研究证实,师生关系能够预测学生是否发挥了其潜能。有趣的是,各种心理健康治疗的研究也得出相同的结论——预测治疗的有效性也是基于来访者与咨询师的关系如何。

因此,开发任何一门课程都必须包含这样的教育范式,即有效利用所有已知的关于个体如何学习的知识,这是唯一理性的做法。大脑只有在它的功能发挥出最佳水平时才能学好知识、用好知识。有一些简单的策略能够促进大脑接受新信息,然而这些策略仍然需要有爱心、有激情的教师在课堂上使用。

让大脑为学习作好准备的策略

教师要帮助学生轻松自在地面对新知识。有效的教学要想方设法减少学生的大脑分泌一些化学物质，这些物质会阻碍大脑以最佳状态工作。教师可以学习利用这些技巧来帮助学生在面临学习挑战之前放松下来。

开始上课的仪式

高效的教师常常在上课伊始呈现相同的仪式，学生逐渐习惯了这些常规，对接下来的学习有所预测，不再紧张，学会了放松。这种预测帮助大脑达到最佳化学物质水平，或者至少不会提高化学物质水平来阻碍大脑的学习与工作。比如，教师采用互动咏唱的方式，包括用身体动作和独特的声音来表达积极肯定的态度。电影《300勇士》（300）讲述了斯巴达军队如何以寡敌众、奋勇作战的故事，一位教师看完电影后，一天早上他走进教室告诉他的学生，说他们就是当代的斯巴达勇士，并放映了一个电影片段。他告诉学生，他们也需要克服各种困难才能生存下来，而生存的一个途径就是通过教育，因此每天早上他和学生们都要来一段"勇士咏唱"——

老师问:"我的勇士们准备好了吗?"

学生答:"准备好了。"

老师问:"我的勇士们今天要干什么?"

学生答:"要获胜。"

老师问:"我们今天如何获胜?"

学生答:"学习。"

全体学生发出如勇士一般的呐喊。

教师让学生相信,获胜的唯一途径是通过教育来克服困难。

学生的舒适感

有些教育工作者强调学生之间的共同点,想方设法为学生营造安全感。比如,每周一的早晨,教师会在班里做民意调查。调查是发现学生每日活动共同之处的一种方式,调查包括学生如何打发空闲时间,看什么电视节目,听什么音乐。每次他都会以同样的话语来结束调查,"*我们都是独一无二的,然而我们又是相同的——独一无二的相同*"。

破冰船

还有一个技巧是使用破冰船。破冰船是用来欢迎参与者,使之能放松地参与对话的一种活动或游戏。虽然破冰船传统上常常用在会议、培训或团队建设中,但用于每日的课堂教学同样有效。破冰船让学生有机会进入恰当的学习心理状态。许多学生会带着各种各样的状态进入班级，有的身体疲乏，有的甚至由于个人原因而导致压力重重。大脑研究告诉我们，我们不能与大脑皮层作对，皮层是大脑处理新信息的组织，但它只有在安全感和舒适感的需求得到满足后才能有效工作。大脑皮层，是"更高级"的大脑，由几个部分组成，每个部分都有着复杂的功能：枕叶主要处理视觉信息，顶叶评估关于身体的信息，颞叶负责听觉信息和记忆，前额叶主要负责推理和决策。这些主要功能包含很多复杂的方面，大脑皮层的任何部分都不能独立于大脑的其他部分来工作。如果没有舒适感，大脑皮层的高阶功能就会受到损害。在这里，舒适感既指身体方面，也指社交方面。

　　破冰船活动应该是有趣的。幽默对大脑的工作有非常积极的影响。比如，一些教师会以一个笑话开始一节课，参加会议时主讲人会以一个笑话开始演讲。其中的原因就是基于脑的工作原理。当你开口笑时，大脑分泌激素，这不仅让我们身心放松，也让我们更开放，容易接受新观点。积极的心理状态帮助大脑认真思考新观点，而不作快速判断。相反地，许多人也许有这样的经历：演讲者在演讲开始时说的某些东西惹恼了我们，之后我们会排斥他所说的所有内容。

　　因此，上课伊始，不适合教难度大的内容。很重要的一点是，在开始教学之前必须确保为学生营造了安全感。

介绍新主题的技巧

任何新知识的学习都会引发大脑中化学活动的增强，以下的策略可以提升对新知识的理解，而不破坏大脑中的化学平衡。在学习过程中，对大脑化学活动的干扰程度越大，大脑对新知识的理解水平就越低，学生冲动行为的风险越高。

把新知识与先验知识联系起来

从根本上而言，记忆代表了我们是谁。我们的习惯、我们的思想意识、我们的希望和恐惧都深受我们所记得的过往的影响。从最基本的层面来看，我们之所以记得是因为大脑神经元之间的连结。每一个体验都让大脑为下一个体验作好准备，因此大脑中的每个结构变化都反映了我们的过去，就好比橡树的年轮讲述了从一颗橡树种子到高耸的橡树的故事。记忆也代表着我们的改变，因为它对我们未来可能关注什么是有预测性的。如果新的东西与我们过去接触过的东西相似，那么我们就更容易记住新东西——因此，我们对过去的记忆与未来我们将要学习的东西有很大关系。

当引入新的有难度的知识时，为了让学生保持不紧张的放松状态，一个技巧就是将新知识与学生过往的经历联系起来。这个技巧也是建立持久记忆所必需的。新知识只有与先验知识建立联系才能进入长时记忆。在大脑中建立意义可以被描述为一个神经元与一个已有的活跃的神经元群之间的交流，这个神经元群专注于某个学习领域。这里的"活跃"是指神经元之间不断地交流，化学物质的交换是有效的。神经元之间有效的交流意味着信息能够毫不费力地被检索，与新信息的连结能够轻松完成。

大脑中的某个特定功能意味着神经元与执行某些特殊任务有关。比如，如果一个孩子准备开始演奏乐器，他大脑中专注于音乐的神经元就会变得活跃起来。通过练习，这组神经元之间的联系就会变得更有效。如果这个孩子的演奏提高至娴熟的水平，他大脑中专注于音乐的神经元的数量将会增加。丰富的神经元网络更能将新知识与音乐联系起来，此外，主要参与学习音乐的区域的大脑功能也会因此受益，这也是为什么研究发现多弹奏乐器可以提高注意力和空间推理能力的原因所在。你对任何一个主题了解得越多，就越有可能把它与相关的学习联系起来，最终把它与不相关的信息也联系起来。比如，一位经济学家从经济学的视角来解读世界新闻，他会自动将世界新闻与这些事件对全球股市或货币的影响联系起来。

通过共同的语言来关联新知识

学习新知识时，如何减少学生的压力，提高他们的舒适度，一个简单的技巧就是使用共同的语言。想象一下，在一间教室里，学生们都说英语，只有教师说法语，这种情况下学习不会发生，因为学生觉得新知识无意义。教师的工作就是要以一种所有学生都能理解的方式来呈现新知识。要达到这个目的，一个办法就是让学生用他们自己的话来解释新知识，其他学生可能会更容易理解同学表达新知识的方式。这个练习是形成性评价的一种形式，教师可以由此来检查学生理解的准确性。不过，对学生的观点要进行持续的监测，以确保准确性，防止误解的传播，这一点很重要。

将新知识与学生的生活联系起来

教师可以帮助学生认识到新知识与他们生活的联系，从而提高他们对新知识的理解。在一部很受欢迎的电影中，一位英语教师试图向她的学生说明一部经典的文学作品与他们的生活是相关的。这位教师要求，如果学生体验过作者所描述的任何一件事就站起来。有一次，所有学生都站了起来，教师让他们朝四周看看有多少人与作者所描述的经历有关。学生更可能去学习与情感体验相关的新知识，因此，一个简单的技巧就是建立联系。比如，把一个知识要点与图片、歌曲或电影联系起来，图片或流行歌曲往往会唤起学生的情绪体验，而情绪对学习过程至关重要，因为它会引发注意力并激活更多的大脑区域（这个概念将在这一章的后面部分展开叙述）。然而，需要注意的是：新信息与强烈的负面情绪之间的关联会导致有些学生情绪化，从而阻碍他们的学习。

将新知识与流行文化联系起来

还有一个策略使教师能够连接到学生的先验知识，这并非要具体地了解每个学生，而是要与吸引学生注意力、想象力的流行文化和社会趋势保持同步。某些趋势是如此普遍，人们对此的认识超越了个人经验。比如，今天大多数青少年都有独特的数字符号概念，他们主要将其理解为在社交媒体中用来查找主题或内容的井号标签。在单词或短语之前的井号标签使他们能够搜索关于某个主题的所有相关评论。井号标签会收集所有评论，帮助社交媒体确定某个主题的趋势。井号标签对于青少年来说是如此常见，即使他们从未搜索或发布过井号标签，他们也都知道它的意义和重要性。教学可以包含学生日常生活中的流行主题。对这类知识的引用是有效的，因为大多数学生都有相似的理解水平。

每年学生的日常生活中都有新事物的流行趋势，如果可能的话，就可以充分利用这类知识来实现有效教学。只要教师花些时间与学生交流他们的生活，就可以用最少的努力跟上这些趋势。需要注意的是，许多趋势在学生的生活中只持续了很短的一段时间，也很少被他们认为是重要的。这些趋势就像时尚潮流一样来去匆匆，因此，教师在运用这项技巧时要跟上新的趋势，否则可能会过时。这一点很重要。

基于大脑的、能够提高记忆的策略

教师呈现新信息时，要尽力确保新信息能更多地进入短时记忆。信息先存储在瞬时记忆中，然后再存储在短时记忆中，任何信息都不能直接进入长时记忆。最近基于大脑的教学有一些新进展，提供了一些技巧，已经被证明可以改善短时记忆的保持。教师可以利用这些技巧来提高记忆。这一章和整本书都会呈现这些技巧,然而,成功的关键是不断地应用这些策略和技巧。

在教学中使用基于大脑的策略,一个直接的目标就是增加信息进入短期记忆的入口,最终的目标是帮助短时记忆成为长时记忆。由短时记忆转化为长时记忆被称为**巩固**。巩固通过两个过程来完成,第一个是突触巩固——形成长时记忆的早期阶段,这是一个在几分钟到几小时内迅速发生的过程。第二个是系统巩固——形成长时记忆的后期阶段,这可能需要几周的时间。系统巩固过程是将存储在海马中的短时记忆传递至大脑皮层,然后信息作为长时记忆被大脑皮层存储下来。如果新的记忆可以被放置在已有的知识框架中,那么系统巩固就可以从几周加速到几小时完成。比如,你学了一个新的烹饪方法,然后马上想到这个新学的烹饪方法可以用来改善你常做的两道菜。将新信息融入一个成熟、稳固的知识框架中,将使信息的巩固快速完成。

神经生成是神经科学中用来描述脑细胞再生的术语。需要注意的是,海马中的神经生成与系统巩固密切相关——新产生的细胞大量参与新的学习以及将信息转化为长时记忆。通过脑电图(EEG)发现的尖波-涟漪复合体(Sharp-wave ripple complexes,SWRC)提供证据表明,在个体处于睡眠或安静的清醒状态时,海马和大脑皮层相互作用,通过海马重放信息来产生长时记忆。这一发现进一步证明了大脑需要重复才能获得长时记忆。

创造一种情绪体验

要提高学习效率,必须保持一个最佳的情绪水平。情绪太强烈或毫无情绪都会降低大脑皮层的工作效率，这就是为什么触发情绪体验的电影、书籍和音乐很容易被记住。生活中或课堂上最好的课程都能让你或发笑，或思考，或哭泣。我的一位中学老师曾经把教室里的所有桌椅都搬走，在地板上贴满了小正方形的胶带，这代表了从非洲到美洲的运输船为奴隶提供的空间。在那节课上，学生们一个挨一个紧紧地挤在那一小块被分配的空间上坐了一段时间。我们努力坚持着熬过那段时间，无法想象奴隶们怎么能在类似的空间中待上几个月。我的中学历史老师为我们创造了这样一种情感体验，至今我还记忆犹新。

如果电影、图书或课程触发了与某些学生的创伤经历相关的记忆，则会过度刺激他们的大脑，影响他们的学习。当新的信息创造出一种体验时，大脑也会提升学习效率。这里的**体验**最好理解为大脑能意识到情绪系统正在运作。饱含情绪的词汇往往会触发过去的相关经验，从而带来更深层的理解。然而，这个过程通常发生在毫秒之间，而且是在潜意识水平，我们自身很难意识到。人类对引发情绪的事件记忆的时间更长（LeDoux, 1996）。

了解情绪在学习中所起的作用是很重要的。没有情绪的学习在生物学上是不可能的，因为情绪驱动着我们的注意力系统。除非一个人专注于新的信息，否则新信息甚至不能进入比短时记忆还要短暂的瞬时记忆。一旦我们集中注意力，大脑将把信息存储在瞬时记忆中，直到它的重要性被确定。如果信息对于大脑来说很重要，信息将进入短时记忆中。短时记忆存储信息（items）的时间是 10～20 分钟，如果信息通过与先验知识产生联系而找到意义，它将进入长时记忆。因此，在引入新知识和整个教学过程中,教师必须掌握触发情绪的技巧,这一点至关重要。精心设计的课程在引入一个关键知识时,始终会在潜意识层面和意识层面触发学生的情绪。情绪会导致大脑的不同区域同时兴奋。一句关于大脑的广为人知的格言是"***一起放电的神经元连结在一起***"(*what fires together wires together*)。这意味着情绪不仅增加了记忆的检索方式,而且增加了记忆进入长时记忆的可能性。

运用情绪的案例

当学生放松下来,教师以一种自然、舒适的方式介绍新的知识后,还应该通过创造一种情感体验来吸引学生的注意力。比如,历史课上通过一部电影来介绍越南战争的内容,电影涵盖三个方面内容:战争是什么样的,国内发生了什么,以及士兵返回家园时经历了什么。这部电影让学生们看到一张张士兵们的脸,那么清晰、生动,使得学生们产生了同理心,因为许多应征入伍的人都是刚读完高中的青少年。同理心是通过与触发类似情绪的经历建立连结,从而在大脑中发挥作用的。这种连结可以使大脑产生即时联系,促进短时记忆,提高了长时记忆的可能性。这部电影还利用音乐来影响心脏和血流速率,加深观众的情绪体验。流向大脑的血液流量增加了,意味着大脑中有更多的能量和氧气,从而改善了大脑的整体表现。采用这种形式来介绍越南战争,首先在情绪和情感上牢牢抓住了学生,引起了他们的关注,使他们迫切想要了解更多。由于情绪情感倾向于产生更强的记忆,有关越南战争的电影的导入为相关新信息更快建立连结提供了基础。

机械训练与组块

有许多方法能够提高新信息进入短时记忆的可能性。机械训练就是不断地重复某个信息,从而将信息保持于短时记忆中,以利于其编码成为长时记忆。这应该是一个自然的结论,因为海马通过重复将短时记忆巩固为长时记忆,所以教学也采用了同样的方法。如果没有重复训练或持续关注,新信息在工作记忆中只存储15～20秒(McGee & Wilson, 1984)。工作记忆的局限可以在某种程度上被信息"组块"的能力打破。组块是指将信息进行分类或加工使之成为一个小的整体,这样有助于信息的回忆和提取。一个组块是一组信息,其中任何一个组块可以包含3～5个独立的信息。最常见的组块示例是电话号码。如,对于9195553290,我们记忆时是919-55-3290。在本书的后面部分,组块被视为创造了一个流行语。对短时记忆的研究表明,大脑很难保留大块的语言信息(Gobet & Simon, 1998)。为提高短时记忆能力而制定的一个常见策略是,将关键信息以一些单词小组的形式呈现,并且以相同顺序反复出现。大多数人习惯于用流行语来提高记忆,这是广告中常用的方法。比如:

- 一杯可乐,一个微笑(A Coke and a Smile)
- 想做就做(Just Do It)
- 片片刻刻有乐事(Can't Eat Just One)

- 吮指美味（Finger-Licking Good）
- 终极座驾（The Ultimate Driving Machine）
- 布谷鸟可可泡芙（Cuckoo for Coco Puffs）
- 出门不能没有它（Don't Leave Home Without It）①
- 你能得到妥善照顾（You Are in Good Hands）②
- 牛肉在哪里？（Where's the Beef?）③

利用音乐

利用音乐也可以提高新信息进入短时记忆的可能性。一方面，正如前面所提到的，大脑里有专门处理音乐的神经元，伴随着音乐的信息能够增强大脑的注意力。许多研究表明了音乐对记忆的影响。一直听莫扎特 D 大调钢琴奏鸣曲的大学生会表现出短期记忆的增强，以及空间推理能力的改善（Rauscher, Shaw, & Ky, 1993）。请注意，这个例子中的音乐并没有使学生变得更聪明，而是通过在学习之前听音乐来刺激学生集中注意力。

---

① 这是 20 世纪 70 年代美国运通公司（American Express）为其运通卡所作的经典广告，美国运通公司是国际上最大的旅游服务及综合性财务、金融投资及信息处理的环球公司。——译者注
② 这是美国好事达保险公司（Allstate Corporation）的广告语。——译者注
③ 来自美国著名的国际快餐连锁集团温迪餐厅（Wendy's）的广告，这是温迪餐厅针对麦当劳汉堡中牛肉分量不足的问题而特意拍摄的广告，"牛肉在哪里？"这句发问迅速引起民众的广泛共鸣，给竞争对手麦当劳重重一击，温迪餐厅的支持率也由此飙升。——译者注

在背景中演奏巴洛克音乐①可以提高学生的注意力和理解能力（Sylvester, Voelkl, & Ellis, 2001）。另一方面，与未接受音乐训练的儿童相比，参加音乐课学习的儿童表现出不同的大脑发育和记忆改善。受过音乐训练的儿童在一般智力测试中表现更好，比如识字、语言记忆、视觉空间处理、数学和智商等方面（Fujioka, Ross, Kakigi, Pantev, & Trainor, 2006）。实际上，学习并不断练习演奏乐器的学生，其大脑白质的增加清晰可见，髓磷脂包裹着神经纤维，从而将大脑的一个"思考"区域连结到另一个"思考"区域。在教学中，音乐是一个非常重要的因素。音乐提供了一种工具，帮助教师建立积极的学习氛围；音乐也是一种方法，能够提高大脑的处理速度；音乐还是一种技巧，能够帮助记忆。

利用多种感官

教师要尽可能利用多种感官来提高学生的记忆。每个感官处理信息的方式都略有不同，并各自以独特的方式将信息存储在大脑中。一个课程如果刺激了人的两种感官，那人们将获得更多的存储和检索信息的方法。比如，研究者得出的结论是，当科学家在进行理论研究和计算之外，还进行动手操作，科学突破就会加快。当人类大脑处于感官层面时，大脑学习和执行的能力会发生

---

① 巴洛克时期是西方艺术史上的一个重要时期，大致为17世纪，这个时期产生的音乐作品被称为巴洛克音乐。巴洛克音乐节奏强烈、跳跃，很看重力度、速度的变化。——译者注

一些神奇的变化。也许近几十年来最伟大的发现是，DNA分子是双螺旋结构，如果沃森（Watson）和克里克（Crick）没有使用纸板模型来代表单个化学成分，并将它们像拼图一样移动，就不会有这个伟大的发现。这两个伟大的科学家认为，正是触摸和移动这些物体使他们的大脑能够去解决DNA难题。

感官刺激的观点解释了为什么这么多人记得那些重要的食物及发生在周围的事件。丰盛的大餐闻起来很香，看起来很诱人，尝起来味道很棒，这些都需要感官的参与。美餐一顿所利用的每种感官的经历都是独一无二的，当回忆起整个经历时，更多的区域被激活，这有助于检索相关信息。于是人们很自然地开始把重大事件与一顿大餐联系起来，这是合乎逻辑的。比如，大多数节日、婚礼，甚至葬礼都是用一顿大餐来纪念的。人类已经下意识地在某些特定事件上印上了这种"记忆增强剂"。多感觉刺激的观点也解释了为什么创伤性事件难以忘记。每当你意识到自己处于危险之中，大脑就会增强你的感官的感受力。结果就是，在创伤性事件中个体更容易记住相关的声音、气味、质地、味道和景象。这也使得一旦一个相关的感官事件被触发，就很难阻断记忆。

小　结

教学可以被视为两个简单的步骤。

首先，采用增强短时记忆的方式引入新信息。当信息存储在短时记忆中时，两个神经元之间传递信息的效率会提高。两个神经元之间第一次传递信息时，它们之间的连结薄弱且效率低下。这个传递信息的过程不断重复，就使得神经元之间的连结变得更强壮，而且效率更高。以有效的方式存储信息仅仅意味着数据存储在大脑中了，但不见得容易被检索，而不容易被检索的信息将不太容易被应用。

其次，将新信息连接到已有的信息。当一个人对任何话题都有丰富的知识时，他就拥有一组专门用来存储、处理、检索和应用相关信息的神经元。一旦个体在任何一个领域获得了专业水平的知识，他们自然会将生活中更多的相关事件与其专业知识联系起来。营养师将大多数疾病都视为可以通过饮食来预防和控制的健康问题。数学家利用计算来完成日常工作。牧师通过他们的信仰来感知世界。对教师而言，做一些调查来了解学生的爱好和兴趣是有价值的。将具有共同兴趣的学生安排在一起，就可以了解新信息怎样才能与他们的共同兴趣相关联。

在学习环境中创造体验的最有效方法之一是让学生互相教授。这种练习通过关联同龄人语言中的信息，以及利用复述（rehearsal）的方式，创造了足够多的情绪反应来增强记忆。复述是指个体先把信息记下来再详细阐述。通常，复述会增强记忆力，因为复述会迫使个体去获取信息，并将这些新信息与他们已知的信息联系起来，以便向他人解释。这一过程使学生能够立即将所学内容付诸实践。一个公认的事实是，有助于信息内化的最有效方法之一是在接收信息后的 24 至 48 小时内对其进行加工和复习等处理。

人类的大脑在学习新事物时，最初会感觉比较费力，因为它需要付出更多的专注和努力。在获得一项新技能的过程中，大脑自然倾向于放弃，或回归到熟悉的方法，因为这样的处理更自动化。如果教师应用本章所讨论的策略，他们就可以通过确定具体的时间或科目来克服这一倾向。限定知识应用的场景可以使教师在时间有限的情况下更聚焦于所教授的内容。设定时间来持续练习某种技能可以提高掌握技能的速度。想想你在学习一个新的软件应用程序的情形，你不得不学是因为它被安装在整个地区的每一台计算机上。最初，你不喜欢这个软件，发现它效率很低，并且你经常因为要多花时间来完成任务而感到沮丧，这些任务在先前的应用程序上是可以快速完成的。但是，由于你每天必须使用这个软件，随着时间的推移，新软件就变得更容易使用了，而且其优势也变得显而易见了。把前述的那些策略看作新的高级软件，它们可以改善学生的表现，提高学生的成绩。每个教师必须决定是否愿意付出必需的努力，以熟练掌握这些策略，获得神经科学所确定的回报，或者相反，从努力中退缩，回到熟悉的教学方法中。

第 2 章　高水平思维让学习更轻松

本章解释了学习的基本发展过程。基本信息，也称为***核心信息***，必须达到自动回忆的水平，才能获得更高级的应用。这意味着在学习的各个层次，重复都是必不可少的。

语言习得告诉我们什么是学习

不管人们多大年龄，或者什么时候开始学习一门语言，他们学习说话的方式都是一样的。这是哈佛大学的神经科学家杰西·斯内德克、乔伊·格伦以及卡里萨·L·沙夫托（Jesse Snedeker, Joy Geren & Carissa L. Shafto, 2007）的革命性发现。

20 世纪的普遍观点是孩子们通过模仿他们所听到的来学习

说话。但模仿理论不能解释为什么幼儿不能连续地说出完整的一句话。如果你听成人讲话，他们通常不会说出单个词的句子："啤酒。""电视。""遥控器。"（除非我们谈论的是足球赛季的足球迷）

在过去的半个世纪里，科学家们对儿童如何学习一门语言提出了一些新的理论。其中最流行的是心理发展假说，该理论认为语言发展与大脑发育相匹配，就像一个孩子在学会走路之前必须先学会爬。该理论指出，婴儿的大脑还没有发育得足够好来处理复杂的语言。然而，当斯内德克、格伦和沙夫托研究了27个来自中国的2～5岁的孩子（这些孩子被美国的父母收养）时，这个理论就暴露出其巨大的缺陷。由于这些孩子在开始学习英语时年龄已经比较大了，他们的大脑发育状况应使他们能够更快地说出流利的语言。然而，这27个孩子仍然只会说出单个词的句子，会去掉词尾，也没有动词变化。他们仍然要经历和典型的美国出生的孩子相同的语言发展阶段。因此，哈佛大学的神经科学家们得出结论，婴儿式的说话不是他们大脑没有充分发育的结果，而是缺乏足够多的词汇。

这一发现挑战了过时的观念，即只有年龄才能决定孩子的学习能力。美国国家研究委员会（National Research Council）的两份最新报告表明，孩子们学习某个主题时，内容从基础逐渐过渡到复杂，并且定期复习，这样的学习效果最好。委员会建议在每个年级的每个学科中都确定核心标准，并且不断复习这些要素，以促进大脑对相关学习的自动化。这些报告表明，在学生能够进行高水平思维之前，基础理解在某种程度上应该是自动化的。换句话说，如果儿童掌握了大量单词，他的词汇知识是自动化的，那么他在小时候就可以学会更复杂的句子、语法，甚至进行创造性的表达。鲍迈斯特（Baumeisterr）的研究表明大脑不擅长处理多任务。当人们被迫做两件需要集中注意力的事情时，这两项任务都会受到影响。然而，如果反复做一件事，使它几乎能够自动化地完成，那么大脑就能以更高的效率完成另一件事。这意味着，如果孩子在努力思考单词，他就不能思考句法和进行创造性的表达。

如果考虑到大脑是如何自然地学习的，自动化的需求就很好理解了。任何一个任务经过重复之后都会提高大脑连结的质量，从而创造出更自动化的功能。想一想孩子们是如何学习字母表的。字母表实际上是一个非常高阶的概念。英语字母表中有26个字母，每个字母可以用大写或小写字母来书写，每个字母代表一个唯一的、对应的声音。更令人困惑的是，当字母连结在一起时，它们独特的声音会发生变化。能识别字母并知道其相应的声音，这一能力是学习单词的基础（核心）。重复是实现自动化的关键。随着时间的推移，教师发现，那些会利用策略（能促进信息进入短时记忆）来学习字母表的学生学得更快，掌握得更熟练。因此，教师让学生背诵字母表，唱字母表，做身体运动来代表字母表中的每一个字母，给字母表上色，抄写字母表，并按顺序或不按顺序识别字母。掌握了字母表的学生就能够轻松地从识别字母过渡到识别单词，而那些还没有掌握字母表的孩子则会觉得很困难，因为他们要非常努力地识别字母和回忆对应的发声，以至于他们的大脑无法集中在识别单词和意义上。研究已经证实，大脑是通过建立连结，将新的信息与已经学到的信息联系起来进行学习的。因此，高水平思维仅仅是大脑有足够的信息后开始进行高级关联的一个功能。

让我们来看看这些研究发现对不断变化的教育的影响。孩子们在每个年级都学到了一些知识，这些知识在不断操练后逐渐变得自动化了。有人说死记硬背不是高水平思维，高水平思维才是教育的目标。这导致了教育领域从死记硬背（如学习词汇、强调正确拼写和记住乘法表）到如何促进高水平思维的极端转变。我们开始教一年级学生自由写作，却不担心拼写或标点符号，希望能培养出下一个罗伯特·弗罗斯特（Robert Frost）[①]。在这种情况下，"未来的罗伯特·弗罗斯特"词汇量有限，也不会正确拼写字母或清楚地书写词汇。其实，这两种方法都各有其缺陷。一方面，孩子们需要与其年龄相符的知识，而且这些知识由于掌握熟练，已经自动化了；但是如果学校只是要求死记硬背知识，我们就不能帮助大脑建立复杂的联系。另一方面，如果我们专注于培养学生的高水平思维而不教授基础知识，那么高水平思维也不可能发生。

在这个背景下，高水平思维最好定义为学生能够理解的原则和概念，这些原则和概念基于一系列核心知识，并且学生已熟练掌握，达到自动化水平。正如上述字母表的例子所示，如果学生掌握了字母及其对应的发声的识别，那么他们就可以学习单词的发音和意义。有些学生的家庭会根据孩子的年龄来教适宜的知

[①] 罗伯特·弗罗斯特（1874—1963）是20世纪最受欢迎的美国诗人之一。——译者注

识，并且有规律地使用这些知识。例如，家长每天晚上都会给孩子阅读，孩子就会很熟悉儿童读物的共同主题。还有一些家长会玩数学游戏，通过日常经验加强学习，比如，有多少双鞋？现在加上妈妈的鞋，有多少双鞋？有些孩子会接触一些特殊的环境，如艺术中独特的色彩、音乐中的声音、各种各样的口味，甚至是有趣的质感，这些都可以促进孩子的学习。那些接触过各种概念、有过各种经历的学生能够更好地进行高水平思维，因为他们的大脑具有先验知识与新信息，并且能够基于先验知识与新信息建立联系。相反，处于劣势背景的学生则难以理解相同的东西，因为他们没有足够的先验知识来获得理解，更不用说进入更高水平的思维了。

所以，对于这个问题，答案是秉持中庸之道，而不是走极端。确定与每个主题相关的核心知识，并通过练习使学生熟悉，乃至掌握这个知识。然后，确定从这些知识中获得哪些与年龄相适应的高阶概念。美国国家研究委员会认为，早期学习的简单概念或原则将在未来影响高水平思维的产生。对那些在某个领域取得相当成就的个人进行研究，结果表明早期接触以及大量重复相关核心知识是造成他们与同龄人差异的关键原因。天才只不过是在某个领域内学习了大量的知识，然后能够在广泛的知识中建立复杂的联系，从而将两个思想观点联系在一起，而这种关联以前从没有人做过。

例如，最近一位教师告诉我，她所在学校的幼儿园课程为儿童学习测量安排了四周时间，为学习加减安排了两周时间。然而，对幼儿园的儿童来说，最初的数字识别是核心知识。如果幼儿不能快速识别数字及其相关的意义，那么就不可能掌握高级数学概念。一旦幼儿对数字的识别是自动化的，那么加法和减法就是下一级的核心知识。大多数小学数学课是建立在加法和减法的基础上。因此，前述的课程结构对大脑的发展是不适宜的。如果教师能够识别整个幼儿园课程中的核心知识，她将很快意识到需要花更多的时间在加法和减法上，同时减少学习测量所需的时间。此外，教师要定期复习加法和减法，通过快速练习来提高记忆的速度。要想达到自动化水平，需要在一段较长的时间内进行一定程度的复习和操练。这种对课程的简单调整将促进学生在未来的数学课上表现更好。

教师可以选择多种方法来确定核心知识。一种方法是逆向工作：首先，确定高水平的思维目标。其次，确定哪些概念相互支撑，结合在一起，能使学生作好准备，获得高水平的思维成果。最后，确定从简单到复杂的所有概念中始终在使用的知识，这种知识就是核心知识。例如，如果一个高水平的思维目标是拥有撰写研究论文的能力，那么课程可以侧重于选择主题、做研究、撰写主题句子、列提纲、组织笔记、撰写初稿、编辑加工、形成最终论文。然而，所有这些技能都建立在段落的组织与文字的撰写这一核心知识上。如果不具备毫不费力就能写完一段话的能力，就不可能达到完成论文这一高水平的思维目标。如果大脑需要消耗大量的能量来完成论文中的每一个段落，学生很可能就会逃避写论文。有些学生可能需要补充一些早期的核心知识，如句子写作。教师如果不能确保学生在句子写作、段落组织中获得一定程度的自动化，那么将很难使学生获得撰写研究论文的高级技能。

在学生学习撰写研究论文的同时，对句子写作、段落组织的持续复习与回顾将提高他们实现这一高水平思维目标的能力。

学习的基础

识别核心知识的能力是高级学习的基础。正如第 1 章所介绍的，利用基于大脑的策略来呈现核心知识，同时进行充分的重复，这是大脑自动化的关键，也是学生在课程学习过程中获得进步的关键。教师可以通过确定与课程各部分相关的核心知识来提高学生的学业表现。一旦明确了核心知识，就为核心知识的重复提供了充分的机会，从而使大脑工作实现自动化。在复习过程中使用基于大脑的教学策略将帮助学生以更有效的方式实现大脑工作的自动化。例如，学生需要学习并记住计算平均速度的公式：平均速度 = 总距离 / 总时间。在这种情况下，由于这个公式已经很简短，教师不必将信息分成组块来帮助学生记忆，而是需要决定是否可以使用视觉提示、音乐或动作来提高记忆。教师决定给这个公式指定一个符号，用一个开得不太快或不太慢的汽车图片 🚗 来表示平均速度，并用手势来反映距离和时间。每当全班复习这个公式时，教师一显示汽车图片 🚗，学生就说"平均速度"，当他们说"总距离"时，他们张开双臂，然后说"除以总时间"时，他们轻敲手腕（通常戴着手表）。用视觉提示和手势对公式进行分组将促进学生的学习和记忆。

核心知识可以是任何具体的事实，必须能够立即回忆起来，以便完成一项学习技能。例如,掌握驾驶技术,知道哪一个是油门,哪一个是刹车,以及如何恰当地加以应用,这些都是核心知识。如果你的大脑仍然像你刚开始开车时那样要努力地记住哪一个是油门,哪一个是刹车,那么要像一个真正的司机那样自如地驾驶是不可能的。未能达到将必需的核心知识自动化的学生很快就会被其他同学甩在后面,概念是分层的,并且会变得越来越复杂。这就是为什么确认核心知识并帮助学生达到自动化是未来学习的基础。

第 3 章　学习的三个层次

本章解释了神经科学理论中学习发生的三个层次。这三个层次是核心知识、原则与应用、高水平思维。本章概述了为什么教师必须能够识别这三个学习层次并了解其各自独立的功能。第 4 章、第 5 章和第 6 章分别对学习的各个层次进行了更为深入的阐述。

学习可以分为三个基本组成部分：核心知识、原则及其应用、高水平思维。教师在设计教学时应认真考虑这些因素。在详细描述这三个组成部分之前，重要的是要知道有两个被广为接受的前提，这也是通过三个学习层次的视角进行教学的基础。这两个前提是：其一，人类的大脑不能从事多任务并行的工作；其二，学习是帮助大脑建立连续连结的过程。

第一个前提

第一个前提是大脑一次只能专注于一件事。麻省理工学院的神经科学教授厄尔·米勒（Earl Miller）说："人们不能很好地完成多重任务，当人们说他们可以时，他们是在自欺欺人。"（Hamilton, 2008）当我们认为我们正在进行多任务处理时，我们的大脑实际上是在快速地从一个任务切换到另一个任务。厄尔·米勒说有些任务几乎不可能同时完成，比如写电子邮件的同时打电话。"你在做一件事的时候，不能把注意力集中在另一件事上。这是因为它们都涉及通过语言或文字进行交流，因此大脑中的两个任务之间存在着很多冲突。"（Hamilton, 2008）磁共振成像显示大脑在处理多任务的情况下，很难完成两项任务。

然而，确实有很少的一部分人可以处理多任务。犹他大学应用认知实验室主任大卫·斯特拉耶（David Strayer）研究了多任务处理，并确定只有2%的人能够有效地同时处理两个任务（Medeiros-Ward, Watson, & Strayer, 2012）。甚至有一个更小的群体，他们真的可以处理多个任务。读到这里，许多读者或许已经得出结论——自己就属于2%的人群。但更合乎逻辑的结论应该是，你只是在欺骗自己，你属于98%的人群。

多任务处理的规则如下：第一，当大脑非常熟悉两项任务，以至于几乎是自动化地完成任务，并且只要任务不占据大脑的相同区域，大脑就可以同时完成两项任务。然而，这两项任务的执行都将受到轻微的影响。这种性能的轻微下降相当小，以至于人们常常自欺欺人地认为他们的表现是最佳的。第二，当完成一项新任务和一项自动化任务时，大脑将把精力集中在新任务上。最后一条规则是，如果两项任务都是新的，大脑将很难同时完成这两项任务，而且这通常会导致大脑内的化学物质失衡，从而阻碍学习和表现。

第二个前提

第二个前提是大脑通过建立连结来学习。关于大脑如何建立连结，影响学生学习，有一些关键的规则。

第一条规则是，当你睡觉时，大脑会进行复杂的连结。有情绪障碍的学生或长期处于压力下的学生，在他们的一生中，与其他普通人相比，会产生更少的连结，因为情绪障碍和压力环境都会对睡眠产生负面影响，导致大脑中连结减少。因此，成绩的差距每晚都在增加。

成绩差距是一个一直以来争论不休的问题。然而，科学地看待这个问题似乎可以阐明它的存在。例如，一个健康的学生每晚有 6 小时的快速眼动（REM）睡眠。在 REM 睡眠中，大脑完成三个基本功能：(1) 修复；(2) 强化当天所学的东西；(3) 建立复杂的连结，产生高水平思维。有情绪问题或持续承受压力的学生，REM 睡眠时间显著减少，其结果是大脑的修复次数减少，所学知识的强化程度降低，连结也不那么复杂。每天晚上，睡眠不足的学生都面临着与同龄人越来越大的差距。经过几年的时间，这个差距会变成一个鸿沟。

第二条规则是，我们的大脑倾向于和我们最擅长的主题建立最多的连结。这意味着更多的连结与专业领域相关。想想伟大的厨师：当他们看这个世界时，他们似乎把一切都与烹饪经验或食物联系在一起。因此，该规则的负面结果是，缺乏丰富知识的个体，总体上连结较少。换句话说，**聪明人会变得更聪明**。

第三条规则是，与我们熟知的事物建立连结对大脑的负担最小，而且信息最有可能被理解。将新的信息与先验知识联系起来，比在没有背景信息的情况下尝试学习新的信息所引起的大脑化学平衡扰动要小。当学生的大脑能够保持化学物质平衡时，学生会保持最佳的学习心态，并准备好思考一些更具挑战性的问题。

让我们来回顾一下。教学有两个关键前提，每一个前提都有三条规则。第一个前提是，大脑一次只能专注于一件事，与此前提相关的三条规则如下：

1. 当两个任务都达到自动化状态时，我们的多任务处理会完成得更好。

2. 如果一个任务达到自动化状态，另一个任务是新的，大脑将把能量集中在新任务上。

3. 如果同时处理的都是新任务，将导致最终表现显著下降。

第二个前提是，大脑通过建立连结而学习，与此前提相关的三个规则如下：

1. 我们在睡眠状态下建立连结。
2. 我们更倾向于与我们更擅长的事物建立连结。
3. 与我们熟知的事物建立连结对大脑的负担最小。

在结束这个话题之前，有必要提及上述发现对我们理解什么是天才有所启示。天才最恰当的定义是，一个人对某个领域的专业知识有非常深刻的理解，因而他能够基于生活经历看到新的联系。这些联系对我们大多数人来说并不明显，因为我们缺乏深刻的理解，无法建立联系。然而，还有另一种天才，即个体在多个领域拥有极高水平的专业知识。很多时候，这个天才能够将对两个不相关领域的深层次理解联系起来，从而实现根本性的突破。列奥纳多·达·芬奇就是一个典型的例子，他是一位画家，同时拥有雕刻家、建筑师、音乐家、科学家、数学家、工程师、发明家、解剖学家、地质学家、植物学家和作家所具备的高级技能。他在许多学科上的先进知识使他的思想能够将艺术、数学和工程学联系起来，设计出像自行车甚至飞行器这样在当时非常先进的发明。这一点至关重要。天才需要智慧，但最重要的是他们对专业领域知识的深刻理解并能够建立独特的联系，从而推动人类的发展。

核心知识

前述的两个前提清楚地说明，所有课程都建立在核心知识之上。核心知识是学习的第一要素。核心知识指的是为了让学习发生而必须达到自动化状态的基础知识。例如，在阅读中，核心知识是音素感知。如果学生还在费力地学习发音，大脑将无法集中在文字和理解上。核心知识的目标是创建丰富的感官输入网络，同时传出信号，产生长时程增强（long-term potentiation, LTP）。LTP是化学突触接受高频刺激后突触强度的持续增加。由于神经细胞之间的突触增强，学习和记忆成为可能（Goold & Nicoll, 2010）。这个学习过程从海马开始。海马也负责协调所有的感官输入。事实证明，当信息同时刺激多个感官时，它不仅促进了记忆，而且提高了记忆的速度。然而，为了实现自动化，重复是必要的。简单地说，获得核心知识的最佳方法是同时反复刺激多种感官。

原则与应用

学习的第二个要素是原则与应用。原则与应用基本上是教师希望学生利用核心知识进行的工作。比如，一个学生学习了音素感知和分级的常用词汇，我们可以要求他写出句子、段落，甚至论文。然而，一个简单的事实是，如果学生没有掌握音素感知，并且没有适当的常用词汇水平，他将无法完成这些任务。大脑要非常费力地去想某些单词，以至于句子结构和意义都会受到影响。要记住这条规则：大脑很难同时专注于两个新事物（即多任务处理），这就是为什么每个学科的核心知识必须掌握到自动化水平的原因。

高水平思维

　　学习的第三个要素是高水平思维。从学术上讲，高水平思维是大脑将教授的新信息与先验知识结合起来。然而，那些还没有将核心知识学扎实并掌握到自动化水平的学生很难理解关键概念。掌握了核心知识，但没有通过具身认知①来体验原则与应用的学生，往往无法建立高级的连结。有一种观点认为，没有达到高水平思维目标的学生认知能力有限。然而，研究者已经证实，只要核心知识的掌握达到自动化水平，并且学习如何去应用知识也是通过多感官输入完成的，那么，任何年龄和各种能力的儿童都可以进行高水平思维。

在课堂环境中实施三层次学习的策略

　　● 选择一些核心知识。通过运动、音乐、视觉和动手操作，以同时刺激多重感官的方式教授核心知识。

---

① 具身认知（embodied cognition），是心理学中一个新兴的研究领域。具身认知理论主要指生理体验与心理状态之间有着强烈的联系，生理体验"激活"心理状态，反之亦然。——译者注

● 在整个学年设定时间，及时复习核心知识。记住，如果核心知识没有熟练掌握到自动化水平，学生就无法完成更高水平的学习。

● 当学生试图应用他们所学的知识时，要确保他们能以更多的方式来实践这些原则与应用，而不仅仅是在口头或书面上。例如，当学生练习所学的句子结构时，给他们一些卡片，卡片上有不完整的部分句子，然后让学生移动卡片，尝试不同的组合。让学生拍打出句子的节奏，让他们画出一个句子的序列，看有关句子合成的视频，听别人介绍如何写句子，玩不同的句子游戏。他们的目标是掌握所学知识，直到达到熟悉和舒适的程度。

● 引导学生在没有帮助的情况下将所学知识联系起来，形成学习经验，教师可以扮演教练的角色，为学生设置巧妙的问题或情境。例如，如果高水平思维的目标是能够进行表达性写作，教师可以用纸条收集句子，并解释这些句子，当把句子组合在一起时，让学生讲述一个故事，解开一个谜。这个故事可以用多种方式组合起来，唯一的限制是学生的想象力。一旦学生们突破限制，他们就能够完成自己的故事拼图了。

我们要从学习的三个要素的角度来看课程的每个部分。如果不这样做，那些学得慢、缓慢达到自动化水平的学生就很难应用原则，并且也无法达到高水平思维的目标。我的忠告是：越来越多的课程都在强调高水平思维的目标，除非教师能够确定哪些核心知识需要掌握到自动化水平，以及还需要掌握哪些高级技能，否则高水平思维就无法发生,最终导致教师花更多的时间来教授高阶概念。但对一部分学生而言,无论教师以何种不同的方式教这些概念,他们永远都无法理解。科学道理是明确的,达不到核心知识的自动化,更高水平的学习和思维将受到阻碍。

在接下来的几章中,我们将深入探讨核心知识、原则与应用以及高水平思维的概念。

第 4 章　将核心知识自动化

本章解释了为什么学生能掌握核心知识并达到自动化水平的情况在减少,以及这种情况对教育的负面影响。本章还提供了如何进行有效复习的建议,以及如何帮助学生在较短时间内达到自动化水平的策略。

自动化水平的下降

让所有学生在每个年级都能进行高水平的学术思考,这是一个远大的目标。如果你问父母:你希望你的孩子对经典文学作品有一个基本的了解,还是对文学在培养思维中所起的作用有一个深刻的理解?几乎每个家长都会选择高水平思维方式。这一点在教育中的表现就是，人们将机械记忆和反复训练等看作是对教育的亵渎。"死读书，读到死"（drill and kill）这句俗语为我们提供了一种深刻的见解，即公共教育如何通过一场运动使自己远离了教育的根本，这个运动目标宏伟但对学习过程却没有真正的理解。在学生们能够解决更复杂的难题之前，任何一个称职的老师都要花时间去训练学生记忆乘法表。

现在面临的挑战是，要想拥有出色的头脑，实际上需要核心知识的自动化。自动化与人脑的关系是什么？人脑中的自动化，其定义是指回忆信息时达到最佳效率水平，即消耗的能量最少。因为基本的信息处理所需的能量极小，所以才使得大脑能够通过建立新的连结，将能量集中在对高级的信息处理上。

学习新知识后进行复习，当重复到一定程度时，大脑将实现自动化。在科学家们能够清楚地观察人类大脑参与某个过程之前，自动化被解释为大脑所确定的重要信息，而且易于回忆。现在，通过大脑扫描的技术，人们知道重复改变了树突连结的结构，提高了效率。一旦树突结构的变化达到一定程度，它们被髓鞘化的过程就会进一步增强，这会提高大脑中化学信号传输的效率。髓鞘化不仅提高了大脑处理化学信号的效率，而且还降低了信息被遗忘的风险。

让我们来探讨一下为什么自动化在当今的教育环境中已经丢失了。

● 首先，教师在课堂上不再进行训练。原因是多方面的：训练被看作是低质量的教学，教师被要求专注于课程中所包含的高水平思维的目标，而教学指导往往要求教师教授所有内容，因为年底测试会包含这些内容。这些因素使许多教师相信，他们不能浪费时间进行广泛的复习。

● 其次，现在自动化被认为应该在家里进行。许多家长与年幼的孩子进行的活动，如为孩子读书或使用数字卡，开始为大脑达到一定水平的自动化作准备，这也是入学准备所必需的。当孩子长大些，家庭作业被认为应该是一种重复训练，以便实现关键信息的自动化。然而，许多学生没有做足够的家庭作业或根本不做家庭作业。学生完成的作业量通常达不到大脑自动化水平所需的要求。更麻烦的是，有些学校根本不布置家庭作业。即使学校布置了足够的家庭作业，也往往有一定比例的学生缺乏完成家庭作业所需的理解水平，因此，他们也无法达到大脑自动化所需的重复水平。从全美范围来看，许多家长被迫寻求额外的学业辅导，以确保他们的孩子能达到自动化水平。因为高年级科学、数学和英语家庭作业的难度超出了许多家长能提供帮助的水平，或者由于时间限制，家长没有机会提供长期的辅导。

得出这样一个结论并非无稽之谈：学业成绩没有在预期水平上提高的主要原因之一，是大多数苦苦挣扎的学生缺乏理解高级学科内容所需的自动化水平。这一问题因以下事实而变得更加复杂：在每个年级，都必须掌握一定水平的核心知识，才能获得下一组核心知识。到了高中阶段，教师不仅要教缺少一些核心知识的学生，而且还要教落下多年核心知识的学生。在这种情况下，教授学生核心知识，以便他们能完成本年级水平的作业，这个任务看起来令人望而生畏。学生缺乏坚实的学习基础，由此导致了校园里的一种信心危机。

许多教师只在学年开始和结束时进行复习，然而，在大脑实现自动化的过程中，这种方法的效果却适得其反。正是不断地重复，才改变了大脑结构，产生了自动化。教师应在专门的时间考虑复习，每门学科每天的复习时间为五分钟。例如，如果课程中的某部分内容要持续学习两周，要求学生能记住六个新术语及其含义，那么在这两周期间，教师每天上课的前五分钟都应复习这些术语和定义。

为了使自动化真正固化，学生必须在很长一段时间里回忆以前的自动化信息。最初的复习应该是每隔几天，然后是每周，然后是每月。这意味着教师必须仔细设计每日的复习，在设定的时间内训练学生，使他们对新内容的掌握达到自动化水平，同时将先前的核心知识转入每日的复习过程中。例如，在花了两周时间学习了六个新术语及其含义之后，课程的下一部分要求学生能够记住两个公式，在整个学年的剩余时间里学会应用这两个公式。教师要把复习的重点集中在本周的两个新公式上，使学生对公式的掌握达到自动化水平，同时也要把之前学过的六个术语纳入到复习过程中，可以通过每天复习一个不同的术语来达到这个目标。随着时间的推移，之前学习的内容将不会像以前那样频繁出现，但永远不会被完全忽略。

"我感到一种需要，一种加速的需要。"电影《壮志凌云》（*Top Gun*）中这句著名的台词在讨论自动化时是恰当的。提高信息处理速度的能力表明髓鞘形成正在发生或已经发生。为了促进髓鞘形成，教师应在复习过程中进行有节奏的安排。当学生开始复习时，使用较慢的速度。一旦学生对内容更加熟悉，教师就应该加快复习的速度。当学生对内容达到熟练掌握的程度时，教师的速度就可以更快了。例如，教师可以告诉学生，他将使用手势提示，让学生知道什么时候大声重复信息。一旦学生熟悉了这些信息，教师说，"既然你们所有人都掌握了，我们今天就要加快一点"。最终，在大脑对这些信息的反应处于自动化的状态下，学生不用再费劲地回忆这些信息了。那时，教师应该对学生提出挑战，说："既然你们都做得很好，今天的复习就会更快。"

当多种感官随着语言的使用而受到刺激时，信息进入短时记忆的几率会显著提高。众所周知，最初的学习发生在海马中。海马被认为是原始大脑结构的一部分，早在人类大脑进化形成额叶皮层之前就已经存在了。大脑额叶皮层在理性决策和学习记忆中起着重要作用。然而，海马负责短时记忆，如果信息不进入短时记忆，额叶皮层就不会出现长时记忆。在语言形成之前，海马只处理感觉输入。语言进入短时记忆是海马在进化中形成的功能。由于主要的注意力仍然集中在感官处理上，海马在语言记忆方面实际上做得很差。

有两个办法可以改善海马的语言记忆功能：其一，缩短语言输入；其二，在引入语言时刺激尽可能多的感官。何谓缩短语言输入？例如，当学习布朗（Brown）诉教育委员会的法律案例时，"隔离但平等"是美国宪法中的法律原则，它根据1896年普莱西（Plessy）诉弗格森（Freguson）的判决为种族隔离提供了正当理由。由于1954年布朗诉教育委员会一案，最高法院的一系列判决推翻了这一原则。由瑟古德·马歇尔（Thurgood Marshall）——后来成为第一位最高法院的黑人法官——领导的全国有色人种促进协会（NAACP）成功地挑战了"隔离但平等"原则的宪法可行性。最高法院投票推翻了60年的法律，称"隔离不平等"，因为它剥夺了人民在《第十四条修正案》中所保证的法律下的平等保护。学生们将学习两个截然不同的短语：基于普莱西诉弗格森的种族隔离宪法，其原则是隔离但平等；基于布朗诉教育委员会的新法律则认为隔离是不平等的，由此结束了种族隔离。两个关键短语分别是"隔离但平等""隔离不平等"。

　　核心知识是对关键事实、公式和过程的提炼，这些关键事实、公式和过程必须能被迅速提取，才能理解和掌握一系列信息。让学生能够快速回忆起关键信息是学习的基础，不能被视为微不足道的小事。重要的是，不要误解对关键信息的自动化可以代替良好的教学，确切地说，它是建立良好教学的基础。一个高素质的教师应该能够评判任何一个课程，并确定如果要达到更高水平的思维目标，哪些核心知识是必要的。

　　如果对核心知识的掌握达到自动化水平，还有一个额外的优势。当核心知识可以被快速检索时，它会帮助大脑回忆起其他相关的知识。许多学生学得很辛苦，努力地记忆各种信息，但却没有很好地将其保存在大脑中。如果大脑检索到与一组信息相关的事实，大脑记忆相关学习的能力将提高。这与大脑的工作方式有关，大脑的思考保持在一条轨道上，并将继续打开相关的文件，直到这个人转向另一种思维方式。大脑的前扣带回皮质（anterior cingulate cortex, ACC）解释了为什么当许多人开始思考一个问题时，这个问题似乎就无法从他们的头脑中摆脱掉。大脑将继续打开其他相关的信息，直到他们真正转变到另一种思维方式。当需要专注于某个任务时，尤其需要 ACC 参与其中。为了保持大脑专注，ACC 会不断回忆相关信息。实际上，教师可以告诉学生，一旦他们回忆自己所熟知的核心知识，大脑将帮助他们回忆与核心知识相关的其他知识。这意味着，学生回忆核心知识的效率越高，他们学习相关高阶概念的效率也就越高。

长时程增强

即使教师学会了如何巧妙地将关键信息以小组块的形式呈现，安排了有效的复习过程，他们仍然需要将一系列感官策略与核心知识结合起来，以便加快长时程增强（long-term potentiation, LTP）。要记住，海马最初只处理感觉输入。据保守估计，言语的出现发生在 20 万到 200 万年前，这意味着人类在地球上长期没有正式的语言（Johanson & Edgar, 1996）。人类祖先的考古记录中最早的石器可追溯到 250 万年前（Morgan et al., 2015）。一个被广泛接受的假设是，人类在语言出现前至少有 50 万年是在部族中生活和劳作的。人们普遍认为，人类并非从完全没有交流突然发展到能用口头语言交流，而是学会了最大限度地利用视觉、手势和声音来进行交流。由于今天人们对口语的依赖性，使他们常常没有意识到海马是通过感觉输入来继续处理语言信息的。例如，我们会受到面部表情、声音变化和手势的影响，从而理解大部分交流中的意义。

复习过程的目标是实现长时程增强。在神经科学中，长时程增强是两个神经元之间信号传输的持续增强，这是由同步刺激产生的（Cooke & Bliss, 2006）。实现 LTP 的关键是要接受这样一个事实，即当感觉信号伴随着语言出现时，海马会最大限度地保持记忆。

教师可以利用简单的视觉提示来表示每一个短语。如果你想了解视觉提示在提高长时程增强中的有效性，你只需要看看商品徽标在营销中是如何使用的。例如，孔雀图案代表 NBC（美国国家广播公司）。人们早就知道大脑可以将信息与视觉提示联系起来。直到很晚才发现的事实是，来自压力环境或因情绪紊乱而导致大脑化学失衡的学生可能需要视觉提示才能学习。可能是由于当大脑遭受压力时，人们对视觉的关注会增强。这可能是一种生存适应。这意味着在高风险学校或贫困人口高度集中的学校，教师在教学过程中应该最大程度地使用视觉提示。

带有大量信息的视觉提示与带有标语的商标，二者没有什么本质上的不同。看看下面的广告语，你是否可以设想出它的商标：

一杯可乐，一个微笑（A Coke and a Smile）	
想做就做（Just Do It）	
肯定是因为鞋（Must Be the Shoes）	
不同凡想（Think different）[①]	

---

① 苹果（Apple）公司的广告。——译者注

续　表

突破科技，启迪未来（Truth in Engineering）[①]	
终极座驾（The Ultimate Driving Machine）	
片片刻刻有乐事（Can't Eat Just One）	
出门不能没有它（Don't Leave Home Without It）	
联邦快递，使命必达。（When it absolutely, positively has to be there overnight.）	
如果你真的在乎，就寄最好的贺卡。（When you care enough to send the very best.）[②]	

促进长时程增强的另一种常见方法是用手势对语言进行分组。在2009年发表的一项研究中，杰里米·斯基珀（Jeremy Skipper）和他的同事们将简洁的手势作为一种教学策略，不仅用来解释一个话题，而且用来提高学生的记忆（Skipper, Golden Meadow, Nusbaum, & Small, 2009）。他们发现，当一个问题很难解决时，手的动作会激活大脑中解决问题的区域。此外还发现，当学生做手势时，他们的记忆有所改善。手势减少了新学习的认知负荷，为记忆信息保留了更多的脑力。人们不必成为研究人员来验证这些发现，只要你想想小时候学过的任何一首融入了律动的歌谣，很有可能你不仅记得那些律动，还记得那首歌。

---

① 奥迪（Audi）汽车公司的广告。——译者注
② 贺曼（Hallmark）公司的贺卡广告。贺曼公司创立于1910年，经过百年发展，业务已经多元化，包括贺卡、文具、服装、化妆品、数码娱乐、电视频道等，遍布包括中国在内的上百个国家。——译者注

复习时有两种方法可以引入长时程增强的元素。一种方法很简单，即从一开始就将所有元素组合在一起，另一种方法是引入一个元素然后添加另一个元素。下面的例子说明了如何将有关原始大脑的课程内容简化为一个流行语，以及如何分层使用视觉提示和手势进行教学。

示　例

今天我们将学习大脑的两个部分，其中一部分被称为杏仁核。杏仁核是边缘系统的一部分，形状像杏仁。每个人都可以做出这样的杏仁形状（如右图）。

一个人的杏仁核可能天生是有缺陷的，此外，也可能因创伤、压力和疾病而受到损害。杏仁核使我们能够阅读他人的非语言线索：面部表情、姿势、手势和语调。它的主要作用是保护我们的生存。当它察觉到外界的威胁时，它接管了大脑的功能，于是我们就行动起来。所以在很多情况下，杏仁核控制着我们的情绪。我们能在做杏仁核手势的时候，大声重复下面这句话吗？

杏仁核控制着情绪。

我们将要学习的大脑的另一个部分叫作海马。海马也是边缘系统的一部分，呈马蹄形。每个人都可以做出这样的马蹄形（如右图）。

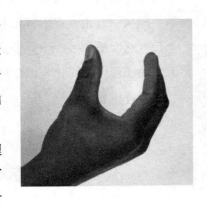

海马被称为大脑的图书管理员，因为它记录了通过各个感官处理的所有东西。一个人出生时海马可能有缺陷，海马也可能因创伤、压力甚至疾病而受到损害。它负责短时记忆，因此它是学习的开始。个体在经历移除部分海马的手术后，只能记得手术前的事情，不能形成新的记忆。海马使我们能够立体地看到世界。海马还执行另外两个重要功能：灵活应对（将所学知识应用于新情况的能力）和传递性推理（推断逻辑结论的能力）。所以，海马在很多方面控制着我们的学习。我们能在做海马手势的时候大声重复下面这句话吗？

海马控制着学习。

让我们绘制一个图表来表示关于边缘系统两个关键部分的重要事实：

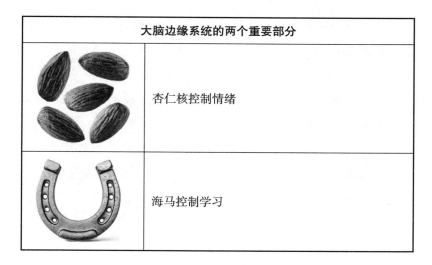

从现在开始,当你看到杏仁的提示时,我要你做杏仁的手势并说"杏仁核控制情绪"。从现在开始,当你看到马蹄的提示时,我要你做马蹄的手势并说"海马控制学习"。一旦学生对这两个关键点进行了足够的复习,教师就可以去除语言,让学生单独使用手势或视觉提示来回忆这两个关键点。随着时间的推移,教师可以提高学生回忆的速度。教师要向学生介绍关于学习的三个要点,这很重要。这些要点不仅要介绍,而且要有规律地重复。

1.所有的学习都需要记住关键的事实。
——你不可能写一篇关于一本书的文章而不回忆其中的人物或事件。

2.利用重复、视觉提示和动作,可以提高大脑对快速学习的事物的记忆能力。

——这是一种更高级的学习方式，应该尽早利用起来。向学生随机展示商标，并让他们回忆与每个产品相关的广告语，以此来帮助学生验证这一点。

3. 如果你能很快回忆起要点，你的大脑会更好地记住你所学到的与那个事实有关的所有附加信息。

——这是一个可以帮助你在考试时不再感到压力的策略。只需回忆那些不断复习过的要点，然后放松，你的大脑会帮助你回忆起更多的相关信息。

第 5 章　通过具身认知来学习原则与应用

本章介绍了具身认知的发现,揭示了大脑是如何通过人体学习抽象概念的。当大脑让身体参与一系列无意识的行动以提高对抽象概念的理解时,就会产生具身认知。具身认知的发现令人兴奋,它为教师提供了一幅如何更轻松地教授高阶概念的蓝图。

从 20 世纪 70 年代开始,认知心理学家和语言学家开始质疑对语言的传统理解——一个将概念附在单词上从而赋予单词意义的过程。新的运动提出,语言的意义并不是我们把文字翻译成实际概念的过程,而是另一个过程,在这个过程中,认知的概念通过人体所提供的潜意识(subconscious)和无意识(unconscious)的意义被赋予理解的深度。这一过程被称为"具体化"(embodiment)。支持者认为意义不是从我们的身体经验中提炼出来的,而是一种错综复杂的联系。这场运动有两个截然不同的阶段：早期是哲学的，而后期是科学的。

关于具身认知的研究

"具体化"运动早期是由语言学家领导的，特别是加州大学伯克利分校的语言学家，包括乔治·莱考夫（George Lakoff）等人。直到 20 世纪 90 年代中期，一群意大利帕尔马的神经学研究者才开始认为语言的理解实际上是我们大脑中的一种模拟。我们的大脑经历了一个尝试去体验语言所描述的事物的过程。这听起来是合乎逻辑的，然而，在此之前，语言被认为是一个认知过程，在这个过程中，前额叶皮层分析一个词的意思并产生其内涵。直到"具体化"运动之前，感官输入仅被视为未被分析的信息，从身体传递到前额叶皮层进行处理和理解。

"具体化"的理念是，当我们处理语言的时候，我们有意识地在大脑中产生**心理意象**，这种心理意象产生了一种心理模拟。例如，"妈妈的苹果派的味道"这个短语可能会让你回忆起当你还是个孩子的时候，闻到烤苹果派的味道是什么感觉。然而，研究人员认为，当我们处理语言的时候，大脑经常进行我们完全不知道的无意识模拟。如果大脑不参与这些无意识模拟，语言的许多含义都会受到限制。简单地说，研究人员开始注意到大脑产生了我们没有意识到的视觉及感官体验，甚至我们不知道自己正在做的动作。大脑不断地在进行我们没有意识到的过程，努力为我们所说或所读的单词赋予更完整的意义。

2009年，尼登塔尔（Niedenthal）和她的同事进行了两项研究，开始将具身认知从理论转化为实践。在第一项研究中，她用肌电图测量了面部肌肉的活动，发现在阅读情绪化的词语时，每当读者试图理解文本中具有深层含义的词语时，细微的面部肌肉就会无意识地移动。厌恶、呕吐和恶臭等词会增加面部肌肉的活动，包括撅嘴、皱鼻子和蹙眉。人们认为面部活动实际上是在模拟与大脑中发泄的情绪相关的常见面部表情。

　　尼登塔尔的第二项研究开始明确面部动作对语言理解的重要性。在第二项研究中，她禁止参与者微笑或皱眉。结果是，改变这些简单的动作似乎改变了语言的意义。当自然的动作被禁止时，用来产生快乐或悲伤的语言就失去了很大的影响和作用。然而，当参与者能够动嘴唇时，类似的语言的影响和作用就恢复了（Niedenthal, Winkielman, Mondillon, & Vermeulen, 2009）。尼登塔尔开始相信，如果不进行某种形式的重现或物理模拟，大脑就无法完全思考情绪。

　　2009年的一项研究进一步发现，当人们有能力模拟特定的情感表达时会发生什么。慕尼黑理工大学的神经学家安德烈亚斯·亨内洛特（Andreas Hennenlotter）和他的同事们给实验参与者的前额注射了肉毒杆菌素，暂时麻痹负责皱眉的肌肉。研究发现，这种治疗可以抑制杏仁核的活动。杏仁核在产生情感和阅读情感线索方面起着重要作用。此外，杏仁核会以一种自动的形式去模仿他人的表达，这在促进同理心方面起着至关重要的作用。结果表明，通过阻止自然的肌肉反应，肉毒杆菌治疗可以阻断神经回路之间的信号，阻断与情感体验相关的感觉（Hennenlotter et al., 2009）。结果也清楚地表明，如果你改变了潜意识的动作，你就改变了体验的意义。2010年由格伦伯格（Glenberg）主导的一项研究进一步支持了上述这些发现，通过注射肉毒杆菌，格伦伯格能够通过限制下意识的面部动作，降低对悲伤、愤怒或快乐句子的理解（Havas, Glenberg, Gutowski, Lucarelli, & Davidson, 2010）。面部肌肉的扭曲不仅反映了我们的情绪，而且对于我们体验这种感觉的能力也是必要的。

应该注意的是，身体对经验的潜意识和无意识的反应不仅仅塑造了我们的感知，而且也决定了我们的判断和最终的行为。康隆、雪纳尔以及怀特（Cannon, Schnall, & White, 2011）通过使用肌电图进行研究，结果表明，在作出道德决定之前，个体的情感可以预测随后的行为。此外，面部表情的强度与道德判断的极端程度有关。在生活中，例如在法庭上，这些潜意识或无意识的反应决定了有罪或无罪、生或死。

大脑的潜意识和无意识的战斗为语言带来意义

具身认知领域的大量研究表明，语言理解并不仅仅是由前额叶皮层来完成的。在这些研究中，潜意识和无意识的感觉和运动回路不是仅仅向大脑皮层反馈信号以供理解，这些经历也独立地完成了一定程度的认知。在大脑和身体的其他区域同时发生了许多事情，因而形成了语言理解。在大脑皮层通过潜意识和无意识的自动身体反应形成观点之前，语言理解就已经发生了转化。研究还表明，自动身体反应为书面和口头的交流提供了持续的意义。研究人员认为这些身体反应是自动的，因为在没有意识识别的情况下，观察别人的面部表情会在自己的脸上触发类似的表情（Preston & de Waal, 2002）。类似地，有研究表明，限制任何自动的身体运动都会降低理解书面或口头语言的认知能力，因为这会改变体验。

此外，潜意识和无意识记忆对语言理解的影响很大，即使是失去的记忆也会影响理解。失去的记忆怎么可能影响思想甚至行为？研究表明，丢失记忆的过程仍存在于细胞核中。任何与丢失的记忆相关的体验都会触发细胞激活。每个人都没有他们人生最初几年的记忆，然而，高度情绪化的无意识的婴儿记忆会被编码在大脑的神经回路中。这些记忆在被触发时对理解有很大的影响。潜意识和无意识的记忆以毫秒为单位不断出现，以帮助我们理解。事实上，用推理把那些可能影响你理解的外显的想法排除在外更容易些，然而，对于影响理解的内隐经验，则不可能加以阻挡。

对语言表达的新理解给我们带来了新的挑战。我们经验的广度对理解至关重要，因为它提供有意识和无意识的记忆，让大脑产生更准确的理解。经验有限的学生，他们的潜意识和无意识记忆也相应较少，而潜意识和无意识记忆能激发对语言更深刻的理解。另一个挑战是，部分人对语言的潜意识和无意识的身体反应是有限的，这妨碍了他们准确的理解。当解释口头或书面语言时，大脑触发有意识和无意识记忆与身体反应的过程使得个体能够接受一维的单词，并将其转化为三维的立体世界。

多年来心理学家早已知晓的一个事实是，情绪反应有限的人似乎无法理解他人的社会暗示，并且同理心水平较低。有些人无法对他人的暗示作出细微的身体反应，因而限制了他们体验丰富多彩、充满欢乐的社会生活。然而，现在人们知道，阻碍自动化的潜意识和无意识的身体反应，影响的不仅仅是社会性和情感理解，同时也严重限制了对书面或口头语言的理解。

让我们想一想无意识的身体反应如何帮助我们理解抽象语言的例子。时间是一个抽象的概念，我们被教导以秒、分钟、小时、天、过去和未来的方式来理解时间。然而，我们的身体在努力工作，为我们的理解提供了无意识的帮助。林登·迈尔斯（Lynden Miles）和他的同事路易丝·尼德（Louise Nind）、尼尔·麦克雷（Neil Macrae）为 20 名被试者安装了一个运动传感器，让他们想象未来或过去的事件。仅仅 15 秒后，回忆过去的人平均向后摆动 0.07 英寸（1.5～2 毫米），而思考未来的人则向前倾斜 0.1 英寸（3 毫米）(Miles, Karpinska, Lumsden, & Macrae, 2010)。大学生对时间概念的理解非常透彻，对这一点我们都没有疑义，然而，很可能是在理解与时间有关的语言的过程中，身体会做出细微的动作来帮助早期理解。可以清楚地表明身体在理解语言的过程中所起的作用是，身体的反应会随着对语言的不同解释而产生变化。例如，在安第斯山脉有一种美洲语言叫艾马拉（Aymara），在艾马拉语中，未来被描述为在后面，过去则是在前面。研究发现，说艾马拉语的美洲印第安人在思考未来时向后倾斜，在思考过去时向前倾斜（Núñez & Sweetser, 2006）。这清楚地表明身体在无意识地帮助人们理解语言。如果这仅仅是天生的动作,那么不管文化理解如何,它们都是普遍的。

身体经验的影响也体现在我们在日常中如何表达抽象概念。西丽·卡彭特(Siri Carpenter, 2008)指出,使用将身体和心灵结合起来的隐喻反映了这样一个事实:我们的大脑从我们的身体中获得洞察力,从而理解抽象概念。有些隐喻,比如,仰望我们所尊敬的人,俯身到他们的水平,热情地思考所爱的人,隐藏肮脏的秘密,感觉卸下重担,回顾过去和展望未来,等等,都是身体如何帮助大脑理解抽象概念的例子。这些内在的帮助很自然地发展成共同的表达,因为这样的经验是如此普遍。

具身认知策略

教师可以通过使用具身认知策略来完成两件事。第一,具身认知策略可以提升对抽象概念的理解。第二,教师可以帮助那些对体验具身认知没有产生足够的自动化身体反应的学生,以提高他们的理解深度。

具身认知策略包括视觉、运动、节奏模式、触觉甚至味觉。有时回忆一次情感经历会改变我们的心率、面部表情和身体姿势。因此,身体的经验可以改变我们的想法。研究表明,最初我们都是视觉学习者。当我们触摸、听到或闻到某物时,大脑会自动进行视觉模拟过程,即使没有亲眼看到,这个过程也会存在。对大多数人来说,我们在婴儿时期的理解是基于我们所看到的,并将图像与语言和情感联系起来。传统的视觉学习有两个被广为接受的过程。第一个是视觉刺激被赋予了标签和价值,这些标签和价值在全球或区域内都是被普遍接受和知晓的。第二,视觉刺激与生活经历有关,且通常被赋予了情感价值。这两个过程的结果是,一个特定区域内的大多数个体都暴露在共同的视觉刺激下,并且经常有共同的经验。

  学习和共同的经验都能提供与年龄相适应的语言理解。事实上,大多数教师对大多数学生在某一年级应该掌握的知识都有下意识的甚至是有意识的假设,这些假设仅仅基于对数百名学生的不断接触。这种假设通常是教学开始的平台。然而,有些学生没有同样频繁地接触某些视觉刺激,因而无法标记这些视觉刺激,他们也没有给视觉刺激赋予意义。例如,一位教师说:"一只蓝角马①在塞伦盖蒂草原上吃草。"一个对蓝角马和塞伦盖蒂有视觉知识的人可以开始赋予该语言以意义。如果学生有任何程度的个人经验,比如看纪录片、读非洲的书,甚至参观塞伦盖蒂,那么他将能够拥有一定的背景知识。塞伦盖蒂是非洲的一个地理区域,是多种大型哺乳动物的家园,包括羚羊、斑马、水牛和蓝角马。学生可能会在头脑中想象出与下图非常相似的图像。

---

① 蓝角马(blue wildebeest),羚羊的一种,分布在非洲东部和南部,栖息于开阔的草原和稀疏的森林。——译者注

然而,一个对"蓝角马"或"塞伦盖蒂"一词没有视觉知识的学生可能需要根据他过去的知识来猜测。专注于学生对蓝色(blue)和野兽(beast)的理解,他的想象可能如下图所示:

具身认知的目标是利用包含感官或运动的经验来帮助大脑对更高级的概念有更深的理解。另一种说法是,帮助学生在大脑的化学水平上达成理解。自从开始正式教学后,教师们一直致力于发展能够提高学习能力的经验!理解具身认知的一个简单方法就是分析你作为一名教师所开展的活动,这些活动成功地帮助学生更轻松地学会了高级概念。在仔细分析这些活动时,教师将能够梳理出被触发的感觉元素,产生一种具身认知的形式。

一位教师正在给小学生介绍音节的概念。为了帮助他们理解，教师会利用动作。她告诉学生，一个音节是一个单词的一部分，所有单词都由一个或多个音节组成。然后她说她知道一个诀窍，总能知道一个词有多少音节。首先，她让每个学生将右手顶在下巴下面。她告诉他们，每当他们说出一个音节，他们的嘴就得张开和合上。因此，每次当他们的手动了，他们就说了一个音节。然后，学生就开始尝试。在学生理解了这个概念后，教师让他们举起左手握成拳头，每当他们说出一个词时，右手会在下巴下面动，这时他们应该从左手拳头里伸出一根手指来代表一个音节。例如，如果这个词是"机器人"（robot），他们的右手在下巴下面会动两次，所以他们应该伸出左手的两个手指。通过这种方式，老师可以检查单词表来看看学生们掌握得如何。一旦学生看起来通过手的运动能准确地感觉音节，教师就可以训练他们听音节，当她说出一个单词时，学生就为单词中的每个音节拍一次手。例如，如果她说"篮球"（basketball），他们就应该拍三次手。

一位历史老师在讲授埃及金字塔时，可能会使用金字塔的视频，在讨论金字塔的结构时，提供金字塔的宽度和范围的视觉资料。这些视觉资料清楚地展示了每一块石头的大小，并让学生看到金字塔与人的关系，让他们明白为什么金字塔被认为是世界七大奇迹之一。对于缺乏足够相关背景知识的学生来说，阅读对金字塔尺寸的描述只能带来有限的语言理解。然而，观看某人一边描述金字塔的结构一边还展示出每一块石头是如何放置到位的视频，这使得我们的大脑能够进行全面的分析，而这样的分析在我们看到东西进行判断时就会发生。

在 DNA 的发现中，沃森（Watson）和克里克（Crick）认为

DNA 分子的每一条链都是另一条链的模板。现在的理论是，在细胞分裂过程中，两条链分开，每一条链上都会形成一个新的"另一半"，就像未分裂前一样。他们亲手建造了这个 DNA 结构，它与实验数据非常吻合，几乎立刻被学界接受。DNA 的发现被称为过去 100 年中最重要的生物学研究。沃森认为在 DNA 的发现过程中，触觉对于理解缺失的片段起着关键作用。触摸可以让这些专家的大脑下意识地进行计算，填补缺失的空白。

上述说明的是具身认知的几个例子。如果我们的大脑天生就是以这种方式学习的，那么教育者是否有义务开始将运动、视觉、触觉、嗅觉甚至味觉应用到学习体验中？最令人鼓舞的是，具身认知将理解从一个基本的层次提升到一个更高的层次。教师在运用具身认知策略时，不仅能帮助到那些缺乏相关知识的学生，而且能让那些理解程度较高的学生获得更有意义的收获。

第 6 章　高水平思维的目标

关于高水平思维是如何发生的，最近的神经科学研究和发现驱散了早先的那些神话。研究表明，高水平思维更多的是我们学习的产物，而不是认知能力。教师可以通过提高核心知识的自动化程度，通过具身认知促进长时程增强，从而促进高水平思维的发生。这一章还提出了一个令人惊讶的发现，揭示了健康的社会行为与大脑中主要负责高水平思维的区域的活动增强之间的强相关。

什么是高水平思维

高水平思维，简而言之是指在大脑内建立连结，它允许学生将新的信息与旧的信息联系起来，并根据他们先前的知识得出独特的结论。细胞间的突触连结会通过几种方式增加。一种方法是睡觉，这就是为什么许多人上床睡觉时思考着一个问题，然后醒来时找到了解决方案。在快速眼动睡眠中，大脑通过复杂的连结产生了高水平思维。天生性格难缠的，或害羞的，或焦虑的人，自然睡眠情况不好，21世纪忙碌的生活方式导致了越来越多的人在不良的睡眠习惯中挣扎。压力和不良的饮食习惯也会导致睡眠问题。可以肯定地说，有很大一部分学生没有得到足够的睡眠，这肯定会阻碍高水平思维。

此外，理解先验知识的深度决定了一个人与先前所学的知识建立联系的容易程度。对任何主题的理解深度决定了大脑中突触网络质量的连结密度。对一个主题的深入理解使得与广泛的知识建立联系更为便利，增加了新的联系的可能性。这些相互关联的网络正是学生在任何一个领域的卓越表现会提升他未来学习潜力的原因。

锻 炼

坚持锻炼的人可以体验到高水平思维技能的提高。许多人发现他们在锻炼后解决了一个他们之前一直在思考的问题，或者达到了一个更深层次的理解。运动激活了大脑中许多负责增加突触连结的区域。运动增强认知的部分原因是它促进了血液流动。当血流量增加时，它会产生更多的能量和氧气进入大脑，从而提高大脑的工作效率。此外，大脑中高度参与学习和记忆的海马，在运动中也会变得更活跃。

研究表明，当海马的活动增加时，认知功能会得到改善。例如，当老鼠奔跑时，它的空间学习能力会提高（Creer, Romberg, Saksida, van Praag, & Bussey, 2010）。另一项研究表明，增加有氧运动确实可以逆转海马损伤（Erickson et al., 2009）。这意味着运动可以改善因经常受虐待或衰老而出现的海马萎缩（Teicher, Samson, Polcari, & McGreenery, 2006）。此外，另一项研究发现，坚持锻炼的学生在考试中比他们久坐的同龄人表现更好（Castelli, Hillman & Buck, 2007）。

教师如何提高学生的高水平思维

教师往往注重通过传统教学来培养学生的高水平思维。当个别学生表现出高水平思维时，教师可能会识别出来，但他们不一定知道如何有意识地提高这种思维的发生几率。学习的过程确实激发了高水平思维，但学习并不一定能保证高水平思维会发生。因此，许多教师经常认为某些学生能达到高水平思维，而其他人不能。更可悲的是，一些教育工作者认为，高水平思维是一种理解水平，而这种理解水平是智力水平更高、更有天赋的学生所特有的。**科学已经消除了高水平思维与智力相关的观念**，事实上，高水平思维是人类大脑的一种自然现象，它是指大脑与先验知识建立联系，产生了更深层的理解。

什么样的教学方法能促进高水平思维的发生？高水平思维的第一个关键要求是自动化。高水平思维需要快速检索基础知识，这样每重复一次检索，大脑就不需要消耗如此高的能量来识别、理解和回忆。自动化让其他认知过程得以发生，因而创造出更高级的关联（Buckner, Raichle, Miezin, & Petersen, 1996）。

布鲁姆（Bloom, 1985）对六个领域的天才进行了五年的研究：钢琴家、雕塑家、网球明星、奥运会游泳运动员、数学家和神经学家。他将这些人的突出成就与花在获得相关关键知识自动化上的时间直接联系起来。这项研究指出，所有的天才每周平均练习 25 到 50 个小时，持续 12 到 16 年，才能到达他们所在领域的顶峰。因此，得出的结论是，只有达到一定程度的自动化，大脑才能进行深刻的联系。

布鲁姆的结论得到了其他两项与高水平思维相关的研究的进一步支持。研究人员得出结论，达到自动化的最清晰的指标是其他有意识的认知过程同时发生了（Bahrick & Shelly, 1958; LaBerge & Samuels, 1974）。换句话说，实现高水平思维的最佳指标之一就是关键基础知识的自动化。

贾思特和凯勒（Just & Keller, 2009）进行了一项大脑研究，即对接受为期六个月强化阅读指导的学生进行了研究。这项研究表明，阅读能力差的学生重复阅读不仅提高了阅读能力，而且大脑中增加了新的白质、髓鞘，这些髓鞘包裹着神经纤维，将大脑中的一个"思考"区域与另一个"思考"区域连接起来。白质通路在帮助大脑更有效地执行复杂的认知任务中起着至关重要的作用。最令人惊讶的发现是，白质的增加更多地与练习的频率有关，而与人们是否掌握完成某一特定任务的能力无关。

人类的大脑是根据我们从事某些任务的频率来改变的。由于大脑只能学习每天呈现的内容的一部分，因此在短时记忆中重复的动作是被优先处理的。大脑通过髓鞘确保我们做更多的事情，因为髓鞘提高了记忆的速度，也增加了信息与先验知识建立联系的可能性。随着时间的推移，重复成为低能耗的基础，从而允许大脑将有限的资源集中在更高级的连结上。

真正理解和掌握信息是通往高水平思维的道路，这始于主题基本要素的自动化。如果教师没有确定核心知识，就意味着学生不会努力学习这些知识以达到自动化水平。人们在任何学习领域的注意力越集中，学习持续的时间越长，所掌握的知识达到自动化水平的就越多。尽管学术标准强调高水平思维，但我们必须确保学生发展了足够的、与高级学习内容相关的自动化。

高水平思维的第二个关键要求是具身认知。每当应用具有具身认知经验的教学策略时，大脑就自然或人为地启动，它似乎为新的学习创造了条件。比如，在最近的一项研究中，给学生看一张与他们即将阅读的故事相关的图片。脑部扫描发现，这个简单的动作会刺激后压部皮层（the posterior retrosplenial cortex, PRC），从而提高了学生阅读时的记忆能力（Rudge & Warrington, 1991; Valenstein et al., 1987）。PRC 的刺激也会降低分心（Fletcher et al., 1995）。此外，在阅读之前，看到与故事相关的视觉线索，会激活内侧顶叶/后扣带回皮质，从而提高理解力。后来的研究得出结论，具身认知经验提供了一个心理框架，使新的信息易于存储（Bransford, 1979; Johnson-Laird, 1983; Van Dijk & Kintsch,

1983）。

　　学习过程是不断变化的。当学生学习一些他们很容易理解的信息时，大脑只需要很少的能量，并且会经历低水平的大脑化学平衡干扰。然而，当新的学习没有被理解时，大脑会产生一种化学活动阻碍学习过程。患有任何形式的情感障碍的学生，或长期承受压力的学生，往往会促使大脑中一种化学物质增多，这是无意识的刺激。刺激性的化学物质体验会导致个体逃避未来更具挑战性的信息。令人鼓舞的消息是，具身认知可以激发大脑接收新信息和更好地理解新信息，从而降低大脑在新的学习中化学平衡受到的干扰，进而让学生有更好的学习体验，而不是让他们烦躁而想逃避学习。

　　能够快速被想起的记忆可以更好地与输入的信息联系起来，以帮助保留和理解新信息。当内隐知识体系建构良好时，大脑开始产生理解，甚至产生（引入或独立获得）抽象概念。当大脑拥有大量相关知识，能够理解一系列相关概念时，它开始产生更高水平的想法，这通常被称为高水平思维。

　　当通过具身认知学习到的自动化的核心知识和原则结合在一起时，学生们突然看到了学习的范围，并开始将其与先前相关的甚至无关的学习广泛联系起来，他们可以得出结论并提出相关问题。学生大脑的高级思维活动可以通过功能性磁共振成像（functional magnetic resonance imaging, fMRI）捕捉到。科恩（Cohen, 2008）的团队发现，当拥有足够的自动化和具身认知时，被称为腹内侧眶额皮质（the ventromedial orbitofrontal cortex）的区域会被激活，这会增加该区域的血流活动，从而提高理解力。

高水平思维与社会互动

研究人员发现，学生的高水平思维越多，他们就越想寻求新的学习经验。此外，更高水平的学习经验在大脑的某些区域之间创造出了更强的连结。参与决策的大脑区域（海马和杏仁核），与情绪和奖赏相关的区域（腹侧和内侧纹状体），二者变得更加紧密地联系在一起。与腹侧和内侧纹状体的连结的改善，将高水平思维过程转化成为一种有奖赏的体验。一旦高水平思维得到奖励，大脑就会产生对更多的高水平思维体验的渴望。最令人震惊的发现是，那些愿意与他人交往的人，纹状体和前额叶皮层之间的连结比一般人强。研究人员认为，社会化与高水平思维之间存在着很强的相关性。

社会互动在学习中所起的作用并不令人惊讶。研究清楚地表明，孩子们需要社会环境以及与其他人的社会互动来激活大脑学习语言的能力（Kuhl, 2011）。各种社会因素是学习的途径，这一理论不仅可以解释孩子们通常是如何习得语言的，而且可以解释为什么自闭症儿童经常表现出社会认知和语言的障碍（Kuhl, Coffey-Corina, Padden, & Dawson, 2005）。社会因素在人类一生的跨领域学习中发挥着比我们以前所了解的还要重要得多的作用，神经科学为这一假设提供了具体的支持（Meltzoff, Kuhl, Movellan, & Sejnowski, 2009）。

如果社会认同在高水平思维中起着至关重要的作用，那么如何解释自闭症患者中那些非常聪明的学生呢？这个问题的答案很简单。人类大脑的设计可以弥补天生的缺陷。如果一个人失去了视力，其他感官的能力就会增强，这种情况很常见。自闭症中的聪明学生也经历了类似的补偿。患有学者综合征（savant syndrome）的人在某一领域表现出非凡的能力，他们通常患有神经发育障碍或脑损伤。

高水平思维如何发生的案例

一个孩子很小的时候就开始听童话故事。她父母每天晚上都给她读童话故事。有一个她最喜欢的故事，她要求父母每晚必读，而且是每天读的最后一个故事。她只需要看一看页面上的图片，就知道会发生什么。最后，她可以根据记忆背诵这个故事。当这个小女孩开始自己阅读时，她仍然喜欢童话。

在短短的几年中，她听过数百个童话故事，自己朗读过50多个童话故事，反复观看那些根据她最喜欢的故事所拍摄的迪士尼电影，并把几本故事书牢记在心。她已成为童话故事的专家，甚至可以再现她最喜欢的故事中的场景，扮演每个角色。

这个小女孩热爱她的童话故事，当她阅读时，她的父母可以通过女儿脸上的表情来判断故事的主人公何时遇到了麻烦。这些故事有时会让她流泪，但最终总是让她开心。有一天，小女孩告诉妈妈，她不再替故事中的英雄担心了，因为她注意到这些书似乎总是以"从前"开头，以"从此以后他们过着幸福的生活"结尾，她甚至可以预测在每个新的童话故事中接下来会发生什么。她现在知道总有一个英雄和一个恶棍。虽然对英雄来说，事情总是看起来很悲惨，但最终善良会战胜邪恶。

有一天,小女孩的爸爸给她带来了一本不同的故事书,他说这是一个悲剧。小女孩读了故事,立刻注意到在童话故事中好人总是会赢,但在悲剧中好人不会赢。她问爸爸,是否所有的悲剧都以英雄遭受苦难而结束。爸爸说是的,这就是人们为什么把它称之为悲剧。那天晚上,小女孩开始思考:童话是真的,还是生活更像悲剧?第二天在学校里,她的老师让学生写了一个小故事。小女孩立刻知道她想写什么:她要写一个看起来像悲剧的童话,直到最后一刻,英雄获胜。

这个简单的案例说明了学习的三个要素是如何自然发生的。在最初的阶段,这个小女孩学习了新东西——一个童话。正是通过重复、无数的视觉形象、想象,甚至角色扮演,她记住了故事。童话故事的大部分内容都变成了自动化知识——她能轻易识别并作出最终预测,这种理解水平使她认识到了模式和概念。对这个故事的情绪反应是她大脑中具身认知自然发生的表现。这很可能是因为小女孩经历了作者想要表达的许多情感,她的面部抽搐与情感词汇相关,并提供了更深层次的理解。她的阅读经验展现了最高层次的具身认知——移情。这些具身认知经验最终产生的不仅仅是对模式和概念的认识,而且还有高水平思维。当接触了一种新的文学流派时,这个小女孩很快地表现出高水平思维的形式。她能够进行对比和比较,因为她对童话的了解达到了自动化的水平。此外,具身认知经验能够帮助她学习高阶概念,因此这些概念可以被很好地理解,她的大脑可以自由地进行高水平思维。最后,这个女孩进入了高水平思维的高级形式——创设复杂问题以及基于先验知识独立地创作自己的童话故事。

这个案例也展现了高水平思维是如何自然发生的。然而，那些被生活环境置于危险之中的学生，往往没有经历过足够的重复，也不会产生足够的具身认知经验。对这些学生而言，除非教师在引入高阶概念时加入足够的重复训练并运用具身认知策略，否则概念更深的意义就无从寻觅。当采用了这两个步骤时，高水平思维仅仅是人类大脑的自然现象，是大脑在建立连结。关于教师如何在班级中培养不同水平的学生高水平思维技能的示例课程，请参阅随后的课例附录。

课例附录

正如我们已经确定的那样，高水平思维实际上就是大脑建立连结。教师可以通过组织一些活动来促使大脑建立所需要的连结，促进学生高水平思维的发展，而不是采取填鸭式教育，直接为学生提供解决方案。我们可以从拼图游戏的角度来思考教学：核心知识就像拼图的边界部分，提供了一个框架来帮助学生更好地解决难题；拼图中非常明显的物体就相当于通过具身认知所教授的原则与应用，这些通常更容易被看到和组装起来；高水平思维是剩下的部分，也更模糊，除非所有先前的工作都已完成，否则这些拼图将无法放置到位。这就是为什么教师在学生的核心知识达到自动化水平之后，还应该通过具身认知来创设活动，引导学生整合所学到的基本要素，自己得出更高层次的结论。事实上，高水平思维正是采用这种教学方式后的表现，这也成为教学的评估标准，即教师是否成功地传授了知识。本章提供了一个高水平思维活动的具体示例。

下面的课例以五年级标准课程为基础。

词汇习得与使用

CCSS.ELA-读写能力.L.5.5：显示出对修饰性语言、单词间关系和单词含义的细微差别等的理解。

——上下文中的一种解释性的比喻语言，包括明喻和暗喻。

——认识并解释常用成语、格言和谚语的含义。

——利用特定单词之间的关系（例如同义词、反义词、同形词）更好地理解每个单词。

设想一下，你接手了一个五年级的班级，但班里有很多学生错过了与修饰性语言相关的学习内容。在三年级，学生们要学习与修饰性语言及其意义相关的术语，并开始探索文学作品中的字面意义与非字面意义的概念。在四年级，学生应该学会了许多用于定义修饰性语言的词汇及其意义。五年级学生应具有深入学习与明喻和暗喻相关的知识的经验，五年级教师可以由此开始教授五年级标准学习课程中所包含的高阶材料。

现在，教师们不得不怀疑，他们是否能够以五年级的标准教授知识，同时既不放弃那些缺乏基础知识的学生，又让班里那些高水平的学生觉得有挑战性。对于班上的许多学生来说，达到三年学习的最高点——高水平思维，这一目标似乎是不可能实现的。

了解这三个层次的学习将使教师看到教学的巨大困境，即如何通过将课程分解为可管理的部分来达到高级学习的目标。解决好每一层次的学习，可以提高各类有障碍的学生达到高水平思维目标的可能性。首先，教师必须确定达成最低要求的核心知识。在这个案例中，核心知识是在三年级学会的修饰性语言的术语和定义。我们的目标是在修饰性语言单元的最后将这些知识掌握至自动化水平，教师估计要用五天的时间来教学修饰性语言。如何构建与修饰性语言相关的术语及其含义的自动化，详见下文。

在英语课开始和结束的时候，学生都要复习以下的图表。每次复习只需几分钟。该图表试图对基于大脑的学习策略进行分组，这些策略旨在有效地提高记忆。图表中为每个修饰性语言的术语设定了一个视觉提示。这些视觉提示的符号有助于学生以图形的方式回忆起一个相关的语言线索。而且，图表中还将定义简化为流行的俗语。记住，负责短时记忆的海马不会被大块的语言信息所吸引。图表中提供了教学标准中所涵盖的每一个修饰性语言术语的示例，示例与视觉提示直接相关，这样，如果学生能够记住视觉提示，就能够很容易地回忆起示例。教师还将告诉学生在背诵图表中的元素时可以采用的节拍。节拍是学习的节奏，这是一个帮助回忆的补充策略。随着时间的推移，这种节拍的速度也将提高，以改善髓鞘（脂肪鞘包裹神经纤维，使得回忆更有效）。

修饰性语言

术语	定义	示例
明喻	使用"像"或"和……一样"进行比较。	忙得像蜜蜂一样。
暗喻	不用"像"或"和……一样"进行比较。	你吃什么,你就是什么。
拟人化	赋予动物或物体某些人类特征。	我的泰迪熊要泡个澡。
头韵	重复首字母或发音。	她在海边卖贝壳。(She sells seashells by the seashore.)
拟声	模仿自然的声音。	啪,噼啪,砰。

续 表

术语	定义	示例
夸张	夸大其辞。	一英里高的煎饼。

第三天,教师将对复习过程作两个调整。教师删除示例,让学生只用视觉提示和定义来进行回忆。同时,教师告诉学生背诵图表的节拍要加快,因为这样可以帮助他们更有效地记忆。

修饰性语言

术语	定义	示例
明喻	使用"像"或"和……一样"进行比较。	
暗喻	不用"像"或"和……一样"进行比较。	

续　表

术语	定义	示例
拟人化	赋予动物或物体某些人类特征。	
头韵	重复首字母或发音。	
拟声	模仿自然的声音。	
夸张	夸大其辞。	

　　第四天，教师删除定义，让学生仅使用视觉提示和示例来进行回忆。教师将再次加快节拍。

修饰性语言

术语	定义	示例
明喻		忙得像蜜蜂一样。
暗喻		你吃什么,你就是什么。
拟人化		我的泰迪熊要泡个澡。
头韵		她在海边卖贝壳。(She sells seashells by the seashore.)
拟声		啪,噼啪,砰。

续　表

术语	定义	示例
夸张		一英里高的煎饼。

第五天，教师删除定义和示例，让学生仅使用视觉提示来背诵图表。这意味着当学生未来使用比喻性语言时，他们所要做的就是通过记住图片来回忆相关定义和示例。然后让学生重复背诵图表，先以较慢的速度，然后加快，越来越快，直到他们达到极限。很明显，这种方法满足了实现长时程增强的所有要求，因为它提供了重复、减少语言和基于大脑的学习策略。

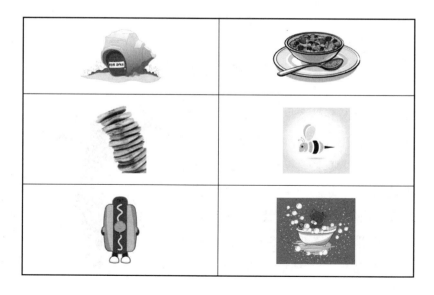

第二步是确定教学标准中的原则与应用。从教学修饰性语言的第一天起,教师就开始教授与修饰性语言相关的概念,目的是提高学生对不同形式修饰性语言的认知和运用的熟练度。在这里教师会运用与具身认知相关的策略,请参阅下面提供的示例。

教师给全班同学看了下面的图片,并问他们今天在课堂上要讲什么修饰性语言。

夸 张

教师问道:"夸张的定义是什么?"学生们回答:"夸大其辞。"然后教师做一个手势,要求学生们每次说夸张这个词时都要做这个手势。学生们将手从窄的位置移到宽的位置(见左面代表手势的图片)。教师利用一个动作帮助大脑联想到一个夸张的概念(一个具身认知策略，帮助内化一个概念）。

夸大其辞

教师向全班介绍一种节奏模式。教师说："夸张点，伙计，这比以前难了一百万倍！"然后全班同学说："把某件事情当作真的，然后再把它夸大得更厉害。"吟唱是一种节奏模式，它进一步明确了夸张的定义。相比于视觉信息或手势，那些大脑更长于记忆节奏的学生可以更好地利用吟唱来记忆。全班练习了这首有节奏的吟唱之后，教师介绍了一个游戏。教师告诉全班同学，她将吟唱上半段，学生吟唱下半段，然后教师会选择一个学生并说出一个短语，这个学生必须把短语改成夸张的描述。这个游戏重复几次之后，教师会加快吟唱的节奏。请看以下的示例：

游戏时间

我说，
夸张点，伙计，这比以前难了一百万倍！
你们都说，
把某件事当作真的，然后再夸大得更厉害。
我会给你一些真实的东西，你们来把它变成夸张的东西。
例子：昨晚雨下得很大。
完成：昨晚雨下得那么大，我的房子都砸凹了。

夸张点，伙计，这比以前难了一百万倍！

把某件事当作真的,然后再夸大得更厉害。①
小车开得很快。_____

夸张点,伙计,这比以前难了一百万倍!
把某件事当作真的,然后再夸大得更厉害。
房子很大。_____

夸张点,伙计,这比以前难了一百万倍!
把某件事当作真的,然后再夸大得更厉害。
万圣节我得到了很多糖果。_____

加快速度
夸张点,伙计,这比以前难了一百万倍!
把某件事当作真的,然后再夸大得更厉害。
这个女孩很高。_____

夸张点,伙计,这比以前难了一百万倍!
把某件事当作真的,然后再夸大得更厉害。
这个男人很老。_____

---

① 注意:来自 Rhythm & Rhyme。Rhythm & Rhyme 是一个公众可以更新的网站,网址:http://genius.com/Rhythm-rhyme-results-figurative-language-lyrics。

> 夸张点，伙计，这比以前难了一百万倍！
> 把某件事当作真的，然后再夸大得更厉害。
> 那个声音很大。_____
>
> 夸张点，伙计，这比以前难了一百万倍！
> 把某件事当作真的，然后再夸大得更厉害。
> 她的鼻子很长。_____
>
> 夸张点，伙计，这比以前难了一百万倍！
> 把某件事当作真的，然后再夸大得更厉害。
> 他刚刚赢了一些钱。_____

这个练习可以让学生通过视觉提示而不是通过文字立即回忆起修饰性语言的术语和定义。利用一个手势来帮助大脑实现具身认知，学生们展开双手来说明夸张的概念；利用节奏模式来练习夸张法的定义。这个游戏让学生练习了夸张法的识别和应用。游戏中也采用了重复和提高速度的练习方式。下面是采用相同方法的修饰性语言教学的其他示例。

教师向全班学生展示了其中一张图片，并问他们与哪种修饰性语言相关。教师每天做两种形式的修饰性语言训练，最后在第五天进行高水平思维活动。当学生接触到更高级的概念时，基础的核心知识正变得自动化。

教师问："头韵的定义是什么？"全班同学答："重复首字母

和发音。"教师教学生做一种手势,每次全班同学说出单词"头韵"的时候都要做出来。学生们将食指指向空中,然后旋转,做出表示头韵的手势。教师利用一个动作帮助大脑将重复的字母和声音的概念联系起来。

> **游戏时间**
>
> ### 头韵的手势
>
> **重 复**
>
> 我说,
> 这叫作头韵,就是这样。
> 你们都说,
> 头韵就是在每个词的开头都有同样的发音。
> 那么我们现在开始。
> 开始:Ben bikes。
> 完成:before breakfast and to the bookstore。
>
> 这叫作头韵,就是这样。
> 头韵就是在每个词的开头都有同样的发音。
> 开始:Henry hikes
> 完成:_____
>
> 这叫作头韵,就是这样。

头韵就是在每个词的开头都有同样的发音。

开始：Avery awakes

完成：＿＿＿＿＿＿＿＿＿＿＿＿＿＿

这叫作头韵，就是这样。

头韵就是在每个词的开头都有同样的发音。

开始：Robert runs

完成：＿＿＿＿＿＿＿＿＿＿＿＿＿＿

加快速度

这叫作头韵，就是这样。

头韵就是在每个词的开头都有同样的发音。

开始：Sally sells

完成：＿＿＿＿＿＿＿＿＿＿＿＿＿＿

这叫作头韵，就是这样。

头韵就是在每个词的开头都有同样的发音。

开始：Roger Rabbit

完成：＿＿＿＿＿＿＿＿＿＿＿＿＿＿

这叫作头韵，就是这样。

头韵就是在每个词的开头都有同样的发音。

> 开始：Lucy loves
> 完成：_____

游戏时间

明喻的手势

我说，

明喻是用来比较的东西。

你们都说，

明喻就是两个不相关的东西共享一个元素。

那么我们现在开始。

开始：饿

完成：像熊一样

明喻是用来比较的东西，

是两个不相关的东西共享一个元素。

开始：快
完成：＿＿＿＿＿＿＿＿＿＿＿＿

明喻是用来比较的东西，
是两个不相关的东西共享一个元素。
开始：刻薄
完成：＿＿＿＿＿＿＿＿＿＿＿＿

明喻是用来比较的东西，
是两个不相关的东西共享一个元素。
开始：安静
完成：＿＿＿＿＿＿＿＿＿＿＿＿

加快速度

明喻是用来比较的东西，
是两个不相关的东西共享一个元素。
开始：强壮
完成：＿＿＿＿＿＿＿＿＿＿＿＿

明喻是用来比较的东西，
是两个不相关的东西共享一个元素。
开始：恶臭

> 完成：_____
>
> 明喻是用来比较的东西，
> 是两个不相关的东西共享一个元素。
> 开始：聪明
> 完成：_____

到了第五天，学生们对修饰性语言的术语、定义和例子的记忆已经变得足够自动化，只需要一个视觉提示就可以触发。学生已经习惯于独立识别和创造出不同形式的修饰性语言。核心知识的自动化和具身认知的规则与应用这两个要求都达到了，这时候可以通过高水平思维活动来测试学生的理解能力。

学生们分组坐在每一张桌子上，小组人数从五人到六人不等。小组人数越少，高水平思维活动越具有挑战性。教室前面摆放三张桌子。

● 第一张桌子上有卡片，卡片上有学生学习过的与修饰性语言的每一种类型相对应的符号。

● 第二张桌子上有卡片，卡片上有不同类型的修饰性语言的定义。

● 第三张桌子上有修饰性语言的示例，但不是学生这一周在课堂上学过的示例。

告诉学生，每桌的小组要与其他桌的小组比赛，完成一个类似于他们整个星期都在使用的图表：创建一列视觉符号、定义和示例。各小组要又快又准确地完成任务。最先回答正确的小组将赢得一张有奖扑克牌（即使一个小组说他们已经完成了，也要让他们继续做，因为他们可能没有全部做对）。当每个小组都完成任务后，老师对他们的图表进行评分，每个正确答案都将得到一张扑克牌作为奖励。每个小组所得到的扑克牌上的数字就是他们的分数，把所得的分数相加，分数最高的小组获胜，获胜小组的每个成员都可以得到奖品。

 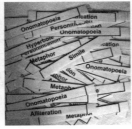 

将标题与正确的定义和示例匹配。

- 标题是黑色的。
- 定义是蓝色的。
- 示例是绿色的。
- 每次正确的分组将得一张扑克牌。
    □ 把扑克牌上的数字相加，分数最高的小组获胜。
    □ 获胜的小组得到奖品。

● 每个小组中的一位代表将获得答案,并对另一个小组进行评分。

符号	术语	定义	示例
	明喻	比较两种不同事物的修辞方法,通常由"像"或"和……一样"引入。	● 像蜜蜂一样忙碌。 ● 像口哨一样干净。① ● 像狮子一样勇敢。 ● 像一个疼痛的拇指那样显眼②。 ● 像在桶里打鱼一样容易。 ● 像骨头一样干燥。③
	暗喻	通过使用一种物体或代替另一种物体来比较两个物体,以表明它们之间的相似性。	● 世界是我的牡蛎。④ ● 你是个沙发土豆。⑤ ● 时间就是金钱。 ● 他有一副铁石心肠。 ● 美国是个大熔炉。 ● 你是我的阳光。

---

① 原文为"Clean as a whistle",这是一种英语的习惯表达,用来描述事物极其干净或指人没有任何前科。——译者注
② 原文为"Stand out like a sore thumb",意为非常醒目,与周围环境格格不入。——译者注
③ 原文为"As dry as a bone",意为非常干燥。——译者注
④ 原文为"The world is my oyster",意为世界任我驰骋。——译者注
⑤ 原文为"You are a couch potato",指成天看电视的人。——译者注

续　表

符号	术语	定义	示例
	拟人化	赋予事物某些人类的品质。	● 运气来敲门。 ● 今天早上太阳向我打招呼。 ● 满天的星星在跳舞。 ● 藤蔓把手指编成辫子。 ● 收音机停止唱歌，盯着我看。 ● 太阳跟云彩玩捉迷藏。
	头韵	通常是初始的辅音在两个或多个相邻的词或音节中的重复。	● Alice's aunt ate apples and acorns around August.（爱丽斯的阿姨在八月左右吃苹果和橡果。） ● Becky's beagle barked and bayed, becoming bothersome for Billy.（贝姬的小猎狗叫个不停，比利觉得很烦。） ● Carrie's cat clawed her couch, creating chaos.（凯丽的猫抓挠沙发，搞得一团糟。） ● Dan's dog dove deep in the dam, drinking dirty water as he dove.（丹的狗潜入大坝深处，一边游一边喝脏水。） ● Eric's eagle eats eggs, enjoying each episode of eating.（埃里克的鹰吃鸡蛋，享受每一次的进食。） ● Fred's friends fried Fritos for Friday's food.（弗雷德的朋友炸了玉米片当作周五的食物。）

续 表

符号	术语	定义	示例
	拟声	通过模仿与之相关的声音来命名事物或动作。	● 蜜蜂的嗡嗡声。 ● 气球的砰砰爆裂声。 ● 小鸟的叽喳叫声。 ● 咚咚，谁来了？ ● 咩，咩，黑羊，羊毛你可有？ ● 啪嚓扑通冲向山下。
	夸张	夸大其辞，通常带有幽默感。	● 你的呼噜声比货运列车还大。 ● 这是一个节奏缓慢的城堡。有一天我在那里待了几个星期。 ● 我不得不步行 15 英里去上学，在雪中爬坡。 ● 你本可以用一片羽毛把我打倒的。 ● 比尔·盖茨有足够的钱养活整个大陆。

这个游戏结束后，立即让学生转入另一个挑战。在教室后面的三张桌子上摆放一些书。

● 一张桌子上放的是供阅读水平弱的读者阅读的书。
● 一张桌子上放的是供普通读者阅读的书。
● 一张桌子上放的是供高水平读者阅读的书。

根据学生的阅读能力安排他们去不同的桌子，然后发出挑战：

● 从桌上的书籍中，选择一本，带到自己的座位上，尽快开始通读这本书。
  □ 在规定的时间内找出尽可能多的修饰性语言的例子。
  □ 准确标注你找到的修饰性语言的术语名称。
  □ 在标注旁边写出你确认的每个示例。
  □ 写出正确例子最多的学生将在明天的英语课上获奖。

教师可以结合过去的学习进一步修改这个练习，见下例：

● 利用你对不同类型文学作品以及图书馆如何编目书籍的了解，试着找出一本可能包含许多修饰性语言范例的书。
  □ 确定所选文学作品的类型（说明选择某本书的原因）。
  □ 然后在规定的时间内尽可能多地找到修饰性语言的示例。
  □ 标记所找到的每个示例（确保标明所找到示例的页码）。
  □ 写下所发现的修饰性语言的各种类型的定义。

以上活动举例说明了高水平思维活动如何激励学生将先前学习的所有要素联系起来，从而实现更高的目标。在第一个练习中，学生必须识别每种形式的修饰性语言的符号，并将其与正确的定义和示例正确配对。这项活动以比赛的方式进行，以便测试回忆的速度。

第二个活动让学生利用与第一个活动相同的知识，但这次是与阅读结合起来。该活动清楚地说明了差异化教学（为各种阅读水平的学生提供书籍）如何训练所有学生的高水平思维技能。所有的学生，无论阅读能力如何，都能参与该活动并表现出高水平思维。

  第三个例子说明了高水平的活动如何将过去的学习与新的学习结合起来，进一步挑战学生。在这个活动中，学生对不同文学形式的了解，有助于他们选择一本可能有更多修饰性语言范例的书。能够选择一本拥有好的修饰性语言范例的书，这是一个指标，表明学生已掌握了核心知识、规则与应用，并展示了与不同文学形式相关的高水平思维目标。这些技能与核心知识、概念，以及与掌握修饰性语言相关的高级思维技能相结合，其结果是导致一系列的连结，学生表现出他们的大脑正在建立高级连结。

第7章 促进学生成功是重燃学习积极性的关键

人们常说我们从错误中获益良多,然而,最近的神经科学发现挑战了这一观念。事实是,只有不断获得成功的人,才能从失败和错误中学习。这一章解释了成功与动机是如何错综复杂地联系在一起的。在此之前,大家关注的重点是如何提高教学水平,以促进所有学生的学业成功。然而,关于人类大脑的一个事实是,各个脑区并不是孤立运作的。换言之,其他脑区的状况和功能可以直接或间接影响大脑的不相关区域。这就是为什么学业成功与否不仅取决于教学,还取决于我们如何培养学生的各个方面。在当今这个时代,教师必须精通影响大脑学习能力的心理因素和社会因素。在这一章中,我们将重点讨论由于大脑适应而产生的新问题或变化,最好从了解学生如何获得和失去学习动机来开始我们的讨论。

奖赏缺乏综合征

人们早就知道,人类的许多行为都是由奖赏驱动的,我们的睡眠、饮食甚至繁衍方式都依赖于大脑的奖赏系统。大脑中被称为伏隔核的一个区域与睡眠、饮食习惯以及对上瘾的易感性有关。由于伏隔核在成瘾中的作用而使其成为大脑研究的前沿。人们普遍认为,大多数人是通过持续过度地沉溺于某种物质而成瘾的,这种物质能引起伏隔核中多巴胺的增加,因而使人亢奋和欢愉。随着时间的推移,个体会发展出一种耐受性,迫使他们需要不断地消费更多的东西来获得他们最初感觉到的相同水平的奖励,即相同水平的亢奋和欢愉感。后来,人们发现,一小部分人有更大的上瘾风险,因为他们受到一种称为"奖赏缺乏综合征"现象的困扰(Blum, 1989; Cloninger, 1983; Stice, Yokum, Bohon, Marti, & Smolen, 2010)。

奖赏缺乏综合征患者的伏隔核中多巴胺 2 型受体似乎较少,结果导致日常生活中多巴胺活性降低。个体必须保持一定水平的多巴胺,以实现自我控制,并以目标导向而行事。学生需要适当水平的多巴胺,让他们有动力起床和上学,避免被同龄人分散注意力,并重视长期目标而不是即刻的满足。因此,缺乏多巴胺会改变个体的生活。

如果缺乏多巴胺的个体消耗一种能激活多巴胺 2 型受体的物质,他们会立刻有更强的动力来消耗更高水平的这种物质。因为他们天生固有的耐受性,所以他们必须立刻消耗越来越多的物质才能获得最初的亢奋和欢愉感。缺乏多巴胺也与情感障碍有关。

有的理论认为，由于个体无法从健康的实践活动中获得多巴胺强化，因此需要从事高风险行为以获得多巴胺强化。情绪障碍的一般特征包括饮食和睡眠模式紊乱。现在，人们认为这些紊乱是由于伏隔核的作用导致的。据估计，世界上20%的人口受到奖赏缺乏综合征的困扰。

多巴胺的作用

最近的研究已表明，多巴胺的反应与成功和学习的动力相关（Schultz, 2007）。密歇根大学的神经科学家肯特·贝里奇（Kent Berridge, 2006）博士说："利用已知的信息来产生对成功的追求，这个过程需要多巴胺。"例如，麻省理工学院的米勒（Miller）及其同事所做的研究已明确，正确的反应可以通过释放多巴胺得到奖赏，接受这种强化后，大脑的前额叶皮层和基底核的神经元立即变得更强，从而由于电脉冲的改善而提供更多的信息（Puig & Miller, 2012）。前额叶皮层和基底核共同参与来达成内在目标——换句话说，是自我激励的化学信号。这二者也是学习和长期记忆的重要参与者。然而，错误的反应在未来不会获得化学信号的驱动及被纠正。这意味着教育者每天都通过促进学生成功或失败来影响他们的学习和记忆。参与正确回答问题的神经元保留了与成功相关的记忆，为继续成功铺平了道路。事实上，由于这与多巴胺有关，因此正确的答案会导致对更多的正确答案的渴望。

杏仁核，我们的情感大脑，有三个固有的驱动力：安全、被需要和成功。这三种需求存在于每一个健康的人身上。然而，大脑中的化学失衡会改变这些驱动力的存在。例如，患有严重自闭症的人没有被需要的动机。同样，反社会者也没有安全或被需要的动机。然而，在某种程度上，即使是最反常的大脑似乎也存在成功的动力。不过，挑战在于成功的需要与情感错综复杂地联系在一起。我们天生就渴望争取成功。只要我们经历了比失败更多的成功，这个驱动力就保持不变，但是反复的失败开始降低多巴胺反应，而多巴胺反应正是维持驱动力所必需的。丧失成功动机可能会引发不健康的情绪反应，而且这些情绪反应可能会变成习惯性的。许多学生表现出习惯性消极行为，就是因为他们在学校缺少成功体验。

学习动机的丧失不仅仅关乎学业的成功。人类的大脑被设计为奖励学习，这不是因为学术追求，而是为了生存。大脑奖励学习是因为学习会继续扩大一个人的认知储备，并在一生中保护大脑。大脑的健康长寿需要持续不断地以更高的速度学习。你的每一次学习，大脑的结构和功能都会随之发生变化。一个健康的多巴胺反应系统不仅需要取得非凡的成就，而且需要养成与成功相关的习惯。如果没有多巴胺的强化，学习、练习一项运动、提高一种技能，甚至每天去上班，这些需要纪律的活动都不会发生。一个健康的大脑被设计成需要通过每天不断地学习新事物来维持其状态和进行微调。因此，失去学习动机的学生不仅在学校里容易失败，而且在生活中也更容易失败。他们的健康取决于日常学习所带来的奇妙变化。

戴维斯（Davis, 2008）及其同事对运动员所做的研究发现，在获胜之后，计划未来行动的大脑区域（前运动皮层）被激励去实践那些与成功相关的行动。然而，当运动员遭遇失败时，相同的大脑区域看起来被抑制了。这并不是说偶尔的失败或挑战不是一件积极的事情，它仅仅说明一种失败的模式会导致未来改进计划的缺失。偶尔的失败是可以克服的，但这只是对那些拥有健康大脑的人而言。这就是为什么认知神经科学家伊恩·罗伯森（Ian Robertson, 2012）说："成功和失败比基因和药物更能塑造我们。"随着时间的推移，成功或失败改变了我们的大脑结构和化学组成，要么使我们变得更聪明，更有能力应对挑战，要么使我们更难以应对日常任务。

教育的作用

教育工作者应该如何回应这些研究？对分数和成绩的强调产生了一个系统，在这个系统中有所谓的赢家和输家。我们的回应不能是降低标准和人为制造成功。同样，答案也不是整个教育系统的全面改革。然而，教育工作者不能只是保持现状，忽视这些研究和发现。科学研究本身可能已经为如何促进学习的成功提供了切实可行的策略。心理学家克兰西·布莱尔（Clancy Blair, 2002）进行的一项研究认为，学业成功的最大预测因素不是智力，而是自我控制能力。更令人鼓舞的是布莱尔发现学生可以通过提高自我控制来改变他们的生活轨迹。

学生可以通过提高专注力来提高自我控制能力。当大脑把注意力集中在一件事上时，它就是在加强大脑中产生自我控制的区域。因此，提高注意力是提高自我控制能力的具体策略。学生可以通过注意力训练来提高专注力，帮助他们结束失败的循环。有许多在线网站提供训练以提高注意力。研究表明，只要每天做几分钟练习就可以帮助提高注意力。当然，也有许多低科技含量的方法来提高注意力。你只需研究一个物体60秒，而不关注任何其他东西，然后不看这个物体并写下你所记得的每一个细节。每天关注一个物体几分钟，几周后注意力将得到提高。你也可以每天阅读一本书30分钟，同时，不处理任何形式的其他任务。对任何一项任务的单一关注都能提高大脑的专注能力。当今学校面临的一个引人注目的新问题是，即使没有受到大脑内化学失衡影响的学生也需要提高他们的注意力，因为他们与科技产品的持续互动会削弱这种能力。

科技的进步以及学生与电子设备的持续日常互动对大脑的专注能力产生了负面影响，导致自我控制能力下降。上网、看视频、发短信、发电子邮件、在笔记本电脑或平板电脑上工作、拍照、录音或在设备上听音乐都是这些互动的例子。学生经常同时进行其中的多项活动。这些行为的后果是对刺激的渴望越来越强烈，这可能导致无法长时间专注于任何事物。此外，研究表明，这种专注能力的丧失也增加了情绪的不稳定性。

加州大学洛杉矶分校大卫格芬医学院的精神病学教授加里·斯莫尔（Gary Small）博士和他的同事们进行了一项神经影像学研究，研究人员评估了人们在上网时相比阅读一本书时大脑的活动情况。当阅读一本书时，大脑中所有的区域都会比上网时活跃两倍。自然的假设是，一旦操作变得更加熟悉，这种初始刺激水平的活动往往会导致大脑活动减少。然而，上网的人恰恰相反，进行在线搜索的活动不仅保持了高水平的刺激，而且刺激水平随着信息量的增加还会提高。难题在于，当大脑很快适应这种刺激水平时，它会继续寻找更多的刺激。当大脑在做一些低刺激水平的工作时，比如读一本书，听一个讲座，或者写一篇论文时，习惯于高水平刺激的大脑将很难保持注意力。斯莫尔博士的结论是，与科技产品的持续互动会存在一种风险，即降低大脑专注于一项任务的能力，甚至导致某种形式的行为成瘾（Small & Moody, 2009）。

一些在读这本书的老师可能会问，为什么不把教科书的内容放进平板电脑里，顺应大脑的变化？这种顺应将失败，因为大脑对持续刺激的渴望需要每隔几分钟接触新的刺激。因此，一本书即使放在平板电脑上，学生的注意力在几分钟内也会下降。这就解释了为什么经常上网的人在每个网站平均停留的时间不到60秒。

2009年，纳斯（Nass）和两位同事发表了研究结果，他们认为，那些使用科技设备进行多任务处理的人无法集中注意力，同时他们与多种科技形式的互动也受限（Ophir, Nass, & Wagner, 2009）。研究确定，个体越多地使用科技进行多任务处理，他们保持注意力的能力就越低。个体通过一次参与多项事情来掩盖这种大脑适应性，这样他们的大脑就可以不断地从一个任务跳到另一个任务，这让他们误以为自己一次做得更多。事实上，大脑不能完成多任务处理。大脑在同时处理多个任务时,实际上它是以很快的速度从一个任务跳到另一个任务,但是,在任务之间切换时,所有任务的表现都会受到影响。纳斯的结论是"一心多用者并不擅长一心多用"。

在对多媒体多任务处理者进行初步研究之后,纳斯及其同事开始研究长期的利用现代科技进行多任务处理——发短信、网络搜索、观看 YouTube 视频等——对大脑发育的影响。2012 年,他发表了一项研究,认为花大量时间用数字化设备进行多任务处理的青春期前的女孩[①],在社会性发展和情感发展方面往往不太成功。社交行为的减少对移情和高水平思维都产生了负面影响(Pea et al., 2012)。

让我们把这些发现放到现实生活中来理解。大脑是平静的,并从持续的体验中以独特的方式在结构和功能方面发生改变(Hensch, 2004; Neville, Marquez, Taylor, & Pakulak, 2009)。如果学生不听音乐就不能做作业,他会发现自己经常查看手机,同时笔记本电脑会打开多个站点。学生告诉自己,音乐和其他设备有助于保持注意力,因为当不进行多任务处理时,他很快就会厌倦这项任务。而事实是,这个学生不再能够专注于低感觉低刺激水平的作业,他在完成作业的过程中用了各种高感觉高刺激的元素,以获得他迫切需要的感觉修复。结果是学生家庭作业的表现低于他的能力,然而教师、学生或家长都没有注意到这种表现的下降,因为他们从来没有建立学生在集中注意力时所能达到的更

---

① 青春期前的女孩,指 13 岁以下的女孩。——译者注

高标准。

最近的研究表明，专注力不仅对完成认知任务至关重要，而且还能使大脑免受情绪问题的影响。现在，专注力下降与抑郁、焦虑、恐慌症和恐惧症的风险增加有关。专注力的缺失不仅降低了自我控制，而且也降低了情绪控制。保持情绪控制对于所有形式的自我控制至关重要。

好在我们还有希望。学校已经开始对学生进行简单的注意力训练，这有助于恢复大脑的专注力，提高自我控制的能力。在那些坚持让学生进行注意力训练的学校中，教师报告说学生完成任务的行为增加，学习成绩得到提高。研究已经成功地应用了类似的注意力练习，通过这种类型的大脑训练来证明认知和情感能够得到改善。比如，迈阿密大学心理学副教授阿米希·杰哈（Amishi Jha）和他的同事们在 2010 年让从事高风险工作的海军陆战队成员每天参加 12 分钟的注意力训练，持续八周。与控制组相比，参加注意力练习的海军陆战队士兵不仅记忆力得到提高，而且在压力下具有更好的情绪稳定性，表现更好。

持续 20 多年的一项纵向研究表明，注意力练习的长期好处之一是，改善了与产生自我控制密切相关的大脑结构之间的连结。与提高认知能力和隔离情绪障碍等相关的连结变得更加错综复杂。前额叶皮质、顶叶皮质和脑岛之间的连结越强，个体保持情绪稳定的能力、决策能力和集中注意力的能力就越强（Luders et al., 2012）。

许多教师正试图通过讲座、阅读和写作等方式来教育当代的年轻人。许多愿意完成这些任务的学生发现自己无法完成这些任务，因为他们需要更高水平的感官刺激。

不要将上述的研究和发现解释为号召大家将科技束之高阁。我们期望的结果是帮助教师认识到与科技有关的好处和意想不到的后果。知识就是力量，因此，我们可以为教师提供知识和信息，使他们能更好地帮助学生在使用科技的过程中茁壮成长，而不是屈服于任何不良影响。正如许多进步一样，一旦发现危险，就要有相应的预防措施。例如，在手机上发短信，这一科技进步使得司机在开车时试图发短信，因而处于危险之中，由此而开展了一项全国性的运动，教育司机让他知道开车时发短信的危险性，并且有一些州制定法律禁止开车时发短信。教师可以采取一些简单的步骤来教育学生，通过科技来促进学生未来更成功。

- 告诉学生学习对大脑的影响，以及与多媒体技术的持续互动如何对大脑的能力产生负面影响。要考虑在课程中包括以下要点：
  - □ 用科技进行多任务处理是如何降低同理心的；
  - □ 为什么更多地使用科技会降低延迟满足的能力；
  - □ 注意力下降的主要影响可能导致无法自我控制，而自我控制能力是成功的最大预测因素。
- 在课堂开始时花60秒的时间进行简单的注意力练习，以此来训练学生，提高他们大脑的专注力，帮助他们重新获得集中注意力的能力。
- 告知学生每天需要一小时完全放松。
- 帮助学生理解做一些单任务活动来保护大脑的重要性。

□ 比如，做家庭作业时，确定一个任务，而不是同时进行多任务处理：不听音乐，不上网，不发短信或电子邮件。

我们的目标是将教育范式从关注失败转变为关注成功。教师需要让学生认识到学校的首要目标是确保每个学生都能成功。这一信息不但要告诉学生，更要让他们明白，他们可以成功地采取积极措施来加强自我控制。提高了专注力的学生将体验到更强的对情绪、行为和继续执行任务能力的自我控制。经历学业上的成功会促进多巴胺的分泌，从而产生继续学习和生活的动力。

如何提升自我控制和注意力

既然教育者已经意识到自我控制对预测学生成功的重要性，那么教师就有责任帮助学生发展自我控制力。核心知识是高阶学习的基础，自我控制是学生高效学习的基础。对教师而言，观察到这么多学生在努力地集中精力以达到学习所需的专注水平，却继续只对他们进行学习成绩的干预，这几乎是不道德的。许多研究已经表明，对那些表现不佳的学生，可能需要培养他们的能力。例如，克劳斯（Kraus）和他的同事对芝加哥市中心的高中生进行了研究，并按照阅读能力、智商和听觉神经激活速度对他们进行了分组。一半的学生被安排参加预备役初级军官训练班，另一半被安排参加一个音乐培训项目，该项目侧重于视觉阅读、演奏技巧和音乐表演。在两年后进行的一项后续评估中，接受音乐训练的学生在噪音刺激下的讲话速度更快，即能够更好地解码离散的声音（Kraus & Chandrasekaran, 2010）。

众所周知，许多市中心贫民区儿童的一个问题是，他们听不到或说不出正确的话。听觉准确性的缺乏意味着他们在识别单词、拼写单词以及将单词与其意义联系起来时会遇到问题。无法准确辨别声音是大脑能力的一个基本问题。没有其他的例子比帕特里夏·库尔（Patricia Kuhl, 2011）所做的研究能更好地说明能力建设的必要性。帕特里夏使用先进的大脑扫描设备来评估婴儿出生后第一年的语音处理能力。基于研究结果的一致性，帕特里夏认为，评估婴儿的语音处理比评估成人的语音处理更容易。婴儿生来就有能力处理与每种方言相关的每个语音。一旦建立了基线，研究人员就可以很容易地追踪到婴儿在母语学习中的现象，即婴儿如何丧失有效处理不常见语音的能力，以及婴儿母语中常见语音的处理速度如何加快。

研究人员发现，婴儿在出生第一年中准确处理声音的能力可以预测其 18 到 30 个月之间的语言技能水平。更令人惊讶的发现是，第一年的语音技能也能预测其五岁时的语言能力和初步的读写技能。也许最不寻常的发现是，来自较差社会经济家庭的婴儿在语音测试中的表现一直较差，到五岁时语言和识字相关区域的大脑激活不良与此有关（Kuhl, 2011）。这些发现进一步支持了确认大脑能力的必要性，而不仅仅是强调学习策略的影响。学生如果不会处理离散的语言发音，那么在未来学习中他们将在语音、拼写和阅读方面受到负面影响。音乐训练通过纠正听觉问题来帮助解决大脑能力的问题，从而改善许多领域的学业表现，尤其是阅读。我们现在的教育对那些因学业不良而苦苦挣扎的学生的反应甚至可以说是"精神错乱"的定义——一次又一次地做同样的事情，却期待不同的结果。

这部分关于自我控制的内容为教师提供了一种策略，提高大脑控制行为的能力，而不是仅仅关注由于缺乏控制而采取的管理或惩戒行为。一直以来，有三种被广泛接受的方法来帮助学生提高自我控制能力。第一种也是最熟悉的，是以洞察力为导向的方法，理解负面情绪产生的原因，并学习如何管理这些情绪。这种方法的好处已经被研究证明是有效的。慢慢地谈论负面情绪可以使大脑负责逻辑和理性的脑区处理这些情绪，而不是在负责冲动行为的大脑情感中心处理情绪。随着时间的推移，大脑就会习惯于以深思熟虑的方式处理某些情绪问题。

这种方法也有几个缺点。最显著的缺点是这个过程需要很长的时间。在某些情况下，这可能需要数年时间，而严重情绪紊乱者似乎对这个过程有很强的抵抗力。通常，那些有冲动行为的人无法理解为什么他们会有这些行为，甚至不太可能知道自己能做些什么来阻止这些行为。此外，大脑中的化学失衡也会影响精确处理语言的能力。这意味着，那些与严重情绪障碍作斗争的学生往往很难内化所说的话并做出行为改变，有些学生甚至会操纵在心理咨询或行为治疗中获得的知识，以避免对自己的行为承担责任和后果。

第二种提高自我控制能力的方法是学习应对策略，这种策略被称为"身体镇静法"，旨在降低心率和血压。例如，易愤怒或患有焦虑症的学生经常被教导进行深呼吸练习。这种策略有助于恢复身体的平衡，而不去关注问题的根源。功能性磁共振成像（fMRI）研究表明，这种方法可以对大脑产生积极的直接影响，并且这种影响是长期的。直接影响是降低心率对杏仁核有镇静作用。长期的影响是通过对负责执行功能的皮质区恢复更大的控制来改善大脑的整体功能。研究表明，减缓呼吸和冥想的能力增加了高频脑电图（EEG）伽玛波段的电活动，从而提高了专注力（Lutz, Slagter, Dunne, & Davidson, 2008）。

这种方法也有一些缺点。这种方法需要能够专注于一件事，同时抵挡容易让人分心的事物。当学生处于兴奋状态时，他们会变得对刺激非常敏感，很难在他们所处的环境中抵挡让人分心的事物。当他们的大脑处于兴奋状态时，他们就更难以停止思考是什么在困扰他们有效地使用这些方法。患有注意力缺陷多动障碍（ADHD）的学生由于其障碍的性质因而很难采用这种方法。即使学生接受了这种方法的培训，他们仍然必须克服对这种方法是否真的有益的怀疑。一些学生报告说，这种方法让他们感到难为情和尴尬。

第三种提升自我控制的方法是将大脑的工作转变为认知加工。由于人类大脑不能同时集中注意力在两件事情上，学生可以通过做非常具体的认知任务来抵挡分心和负面情绪，从而学会重新集中大脑的注意力。这种方法与身体镇静法一样有许多相同的好处，但它是一个具体的任务，因而更容易掌握。很难集中精力的人更能胜任具体的任务。

然而，这种方法也有缺点。这些策略必须定期练习。那些很难自我控制的学生最初可能需要一些帮助来记忆并运用这些策略。学生必须接受恰当时长的训练,以快速完成任务,让大脑学习自我控制。学生必须确信这个过程会对他们有帮助,否则他们就不会参与。

本章的课例附录部分是教师在课堂上介绍如何提升自我控制和注意力的课程。

课例附录：提升自我控制和注意力

课程年级

6—12年级

（教师笔记用粗斜体表示）

本课旨在帮助教师以提高学生参与的方式介绍心理转变的概念。

课程目标

1. 提供一个平台，使学生在试图恢复自我控制时，能够理解和实施应对策略，并使之成为日常生活的一部分。

2. 介绍特定的应对策略，这些策略已经通过功能磁共振成像（fMRI）的研究证明，可以使大脑进入更平衡的状态。

3. 提供方法，使学生能够定期实践这些策略。

材　料
- 卡片
- 有趣的物品
- 创意强化物
- 平静的音乐

促进心理转变的三大策略

这一节描述的三种策略都被称为"感官基础训练"（sense grounding）技术。在开始上课之前，教师必须熟悉感官基础训练，甚至要亲自加以实践。

策略1：心理基础训练

让一个人在给定的时间内尽可能多地快速列出指定类别下的项目，以此来完成心理基础训练。让学生快速、连续地回忆某一特定类别中的项目，迫使大脑从情感区域转向执行功能区域。重要的是要连续列出几个不同类别下的项目，以便让大脑有足够的时间进行转换。这意味着，那些焦虑不安的人可以有一个积极的方法，从关注消极情绪转向参与某个具体的任务。由于这项技术是具体的而不是抽象的，所以个体能够评价自己对行为的专注程度。

以下是一些心理基础训练的例子：

- 尽可能多地识别出房间里的颜色。
- 尽可能多地列出房间里能找到的方形。
- 尽可能多地说出城市的名字。
- 尽可能多地说出电视节目的名字。
- 尽可能多地说出音乐艺术家的名字。

学生甚至可以提前创建新的类别，以便下次当他们感到自己情绪激动时使用。关键是他们要练习得足够多，才能在情绪发作的早期阶段就开始并成功地完成任务。

策略2：舒缓基础训练

舒缓基础训练让个体通过关注对他们有积极影响的话题来改变情绪大脑的状况。它要求个体回忆一系列积极的事情。这个策略对受过视觉训练的人最有用，然而，对于那些没有受过视觉训练的人来说，它更像是心理基础训练。如果一个人能回忆起某种东西的样子、气味或味道，这种方法可以迅速改变他或她的情绪。以下是舒缓基础训练的例子。

我希望你闭上眼睛，在我提到以下事情时想一想：
- 你最喜欢吃的东西，它的味道如何。
- 你看的最后一部让你发笑的电影。
- 你最喜欢的歌曲，在你的脑海里唱第一段和副歌部分。
- 一个让你开心的游戏。

如果学生没有受过视觉训练，你可以用列清单的形式做类似的事情。列出以下内容：

- 你最喜欢的食物
- 你最喜欢的电视节目
- 你想驾驶的汽车
- 你最喜欢的歌曲

请注意，以列清单的形式进行的舒缓基础训练应该比上面提供的示例要多得多。

教师不应让学生把参与舒缓基础训练作为一种视觉练习，除非教师已经建立了互相信任的课堂氛围或者学生与同伴的相处是安全和舒适的，否则他们很难闭上眼睛，很难感受到自我意识。有时灯光变暗，伴着温柔的背景音乐，会提高训练的成功率。如果参与训练的"危险"学生（暴躁易怒的）多，教师可能需要让他们远离同伴，一对一地做一些舒缓基础训练，以便学生在参与集体训练前能够适应这个过程。不过，大多数学生都可以相对轻松地使用列清单的方法来进行舒缓基础训练。

策略3：身体基础训练

身体基础训练实际上是检查一个物品，识别其最小的细节。就身体而言，检查是一项非常具体的任务，因为你必须触摸物体，大脑也会快速转换。这个检查任务会吸引感官，然后转向认知任务。尽管你可以让学生检查任何物体，但如果在做这个训练的初期，让学生检查一些有趣的东西或者他们可能好奇的东西，效果会更好。教师必须向学生清楚地说明检查必须达到的详细程度，这一点很重要，详情见下文。

刺角瓜：
- 顶部为亮橙色、红色和黄色
- 底部为绿色
- 角是尖的
- 角的顶部尖硬，是白色的
- 大约棒球的大小
- 坚硬，摸上去刺痛
- 里面是果冻的质地
- 里面是鲜绿色
- 里面装满了白色种子，每个种子都由绿色凝胶包起来
- 口感像脆果冻
- 尝起来像黄瓜

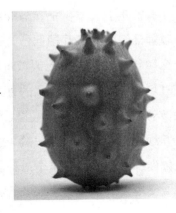

如何在课堂环境中向学生介绍感官基础训练

感官基础训练是基于这样一个事实：大脑不能同时专注于两件事情。如果一个活动能让大脑在短时间内专注于其他事物，那么当人们重新注意到负面情绪时，它在某种程度上已经消散了。这里的关键是帮助学生体验这种方法是如何奏效的，事实上是帮助他们感觉更好。

在开始上课时，让学生使用按照下表制成的卡片，从 1 到 10 对自己的情绪进行评分。注意：表格中用于定义情绪的词语应适用于年幼或能力较弱的学生。在卡片的右上角，学生要写上他们的情绪数值评级。

10	爆炸
9	沸腾
8	发怒
7	生气
6	焦虑
5	紧张
4	冷淡
3	疲倦
2	放松
1	高兴

一旦学生完成了他们的情绪评估，让他们把卡片放在一边，

然后，老师转到一种感官基础训练活动中。很多时候，当向学生介绍一项新的活动时，比如感官基础训练，最好以游戏的形式呈现出来，因为那些无法控制情绪的学生甚至不愿意尝试那些能帮助他们解决问题的东西。

老师告诉学生以下活动规则：

- 你们只能在我说"开始"的时候开始。
- 当我说"停止"时，所有的笔必须放在桌子上，不要再碰了。
- 活动结束时累计得分最高的三名学生将获得奖品。***教师要选择一个强化物。***

教师请注意：把活动变成比赛的根本原因在于只要使用正确的激励因素，就更容易激发学生，这将有助于学生集中精力参与活动。教师必须评估学生是否完全参与活动，因为这会影响结果。

屏幕上会有一个计时器，从60开始倒计时到0。在时钟倒数到0后，听下一个任务安排，时钟将重新开始计时。

1. 在60秒内列出尽可能多的电视节目——开始。*60秒后说"停下来"。*

2. 在60秒内列出尽可能多的音乐艺术家——开始。*60秒后说"停下来"。*

3. 在60秒内列出尽可能多的城市。——开始。*60秒后说"停下来"。*

让学生把这三个清单中列出的全部项目数加起来,写在这张纸的顶部。让学生交换这张纸,并检查计数。然后学生检查清单,找出他们认为不准确的答案。教师对答案是否正确有最后的决定权。教师可能需要通过上网来验证某些答案。然后,教师确认前三名的分数。请注意,以游戏形式介绍活动的策略应该只适用于此类课程的初始阶段。因为学生经常很难投入到新活动中,以游戏的形式介绍活动有助于他们集中精力完成任务。

评分完成后,让学生翻开他们的卡片,使用相同的情绪评分表对他们的情绪状况进行再次评分。在白板上,记录每个学生在活动前后的情绪状况。卡片或白板上不应显示其他相关信息,只记录分数。见下例:

之前	之后
8	7
6	6
4	2
2	2
7	7

通常情况下,个体的情绪评分在 5～10 分的会有改善。当然,只做一次感官基础训练活动,很可能几乎没有任何改善,只需保存分数记录并结束活动。当你和学生们一起做了几次活动,并且注意到他们的情绪分数最终有了提高,那么是时候开始下半

部分课程了。这种方法应该在晨会或年级教室活动中至少每周进行一次,这样将使学生有机会定期练习这种方法,以便在有压力时能够使用该方法。

问题解决

学生会注意到很多同学在完成这个活动后不像以前那样发怒、沮丧或生气了。**向学生展示活动的计分模式**,帮助他们理解这是为什么。

1. 人类大脑一次只能专注于一件事。你可能认为你同时在关注不止一件事,但是你的大脑真正在做的是从一件事切换到另一件事,然后以如此之快的速度返回,以至于你无法察觉这种切换。所以,如果你能让你的大脑专注于某件事,你就能哄着大脑让它感觉好一点。

2. 当你想到让你生气或困扰你的事情时,它会触发大脑中处理情绪的特定部分。当你思考一些非情绪化的事情时,是大脑中作出深思熟虑的决定的那部分脑区在起作用。大脑中处理情绪的那部分脑区在做事情之前不会仔细思考,因此大脑会作出错误的决定。因此,当我们让情绪化的大脑离线,让能够作出更好决定的另一部分大脑上线时,我们就会获得自我控制,作出更好的决定。

3. 像我们今天早上做的那样的活动可以提高大脑的专注力。研究表明,总是使用多媒体技术的一个负面影响是专注力逐渐下降。因此，你的大脑需要练习在一件事情上集中注意力几分钟，让大脑保持健康。

我为什么让你们做这个活动？因为连续、快速地列详细的清单会使你关闭情绪大脑，打开理性大脑。这意味着当你心烦意乱的时候，你可以做这些事情来控制你的情绪。想一个话题并快速列出清单，然后又想一个，再快速列一个清单。这个活动持续做一段时间，可以重新获得对情绪的控制。任何能提高自控力或注意力的活动都对大脑有好处。

这是一个很好的可供练习的技巧，所以在开始上课的时候，我们会做不同的练习，以帮助大脑从情绪大脑转为理性大脑，同时这也会提高注意力。我们将学习并练习这些技巧。需要经常练习这些技巧的原因是，你做得越熟练，当你不高兴的时候就越容易控制情绪，同时也会提高你的注意力。

为什么找到办法管理我们的情绪很重要

情绪大脑（杏仁核）的特征：

- 冲动
- 不思考
- 切断你的思维
- 掌控一切直到你平静下来，到那时往往为时已晚

● 重复过去的错误决策

每个人都有这样的时候，当他们生气、难过时，他们会失控，通常这些经历的结果是负面的。成功的人能够在他们开始感到生气、难过时，有办法让自己平静下来，所以他们的大脑会继续思考。学校里每个学生的目标都应是学习如何保持自己的头脑能够理性思考，这样我们才能取得成功。想一想当你们让情绪大脑控制你们自己时发生在你们身上的一些事情：

- 争吵
- 吼叫
- 打架
- 停课
- 开除
- 逮捕
- 法律问题
- 众叛亲离
- 致瘾物质滥用
- 替代性教育安置[①]
- 替代性家庭安置

---

① 美国的替代性教育指那些不属于传统 K-12 课程的教育活动，满足学生在普通学校通常无法满足的需求，是普通学校的辅助教育。美国各州的情况不一样，此处所指类似于国内的工读学校。

设想一下，如果你知道控制情绪的方法，你的生活会有多么不同。老师试图教你如何管理自己，这样别人就不认为他们必须帮你控制你自己。

那么，按照下列的步骤来做：

1. 命名技巧：给这种技巧取个什么好名称？学生们头脑风暴，想出可能的名称，然后选择一个。**之所以要让学生来为这项技巧命名，是因为如果这个名称是他们喜欢的，他们就不太可能认为这个技巧很老套。**提醒学生，以后当你注意到他们生气、沮丧时，你会试图提醒他们使用这种方法。

2. 选择一个手势：明确一个可以用来提醒我们在课堂上练习这个技巧的手势。学生们头脑风暴，想出可能的手势，然后选择一个。**手势很管用，因为你不必说任何话来触发某些行为。大脑在生气、沮丧时对手势的反应比对语言的反应更好。**

3. 选择一个视觉提示：明确一个可以张贴在教室里的视觉提示，它可以帮助学生记住所学到的东西，并在需要时实施这项技巧。学生们头脑风暴，想出可能的视觉提示，然后选择一个。做一张海报（可能是在美术课上）。**我们发现教室里的视觉提示有助于学生提醒自己使用这一策略。**

和学生一起做几次心理基础训练，直到他们证明自己能熟练地完成。记住，你不可能要求学生在心烦意乱的时候做出某个新行为，除非他们在心平气和的时候一直这么练习。一旦学生掌握了心理基础训练的技巧，再介绍另一种感官基础训练方法。必须不断重复这样一个事实，即学生有能力通过使用这些技巧来控制自己的情绪。当学生使用这些技巧，并且能够避免参与负面行为时，偶尔地奖励学生，这也是一个好主意。一旦学生学习了所有的技巧，就在整个学年交替练习各种技巧，以便他们能熟练掌握这些技巧。

第 8 章　悖论：学得慢和天赋异禀的学生

我们如何理解学生和对待学生，将对学生的行为和表现起着重要的作用。本章说明了被认为是截然不同的两类学生的大脑和行为有多相似。可悲的现实是，许多最聪明的头脑都未被发现，因为这些大脑被成人的误解和信念塑造了。

自我的最初感知来自他人

如果不研究关于"聪明"的认知是如何发展的，以及它是如何影响人类的大脑和行为的，就无法讨论关于学业成功的话题。在生命的早期，孩子对自我的感知来自其他人，主要来自父母或养育者，也来自其他一直参与孩子生活的成年人。孩子认为自己有多聪明，这其中成年人扮演着重要的角色，这一点并不奇怪。许多成年人知道他们的有意识行为将有助于形成这种自我感知，然而，成年人往往不知道驱动自我感知的潜意识和无意识行为。从最成功的学生到最不成功的学生，自我感知开始为他们的生活结局设定轨迹。

矛盾的是，给孩子贴上学得慢或天赋异禀的标签实际上过于强调了聪明的影响。在学业上苦苦挣扎的学生认为他们不够聪明，无法承担具有挑战性的任务，而且很容易放弃。他们认为自己永远无法赢得挑战，因此避免付出必要的努力。那些天资聪颖的孩子在低年级轻松过关，通常直到中学才遇到他们的第一个学业挑战。到那时，他们已经开始相信聪明意味着不必奋斗。没有早些经历学业挑战，他们产生了对聪明是什么的错误预期。当学习内容不容易掌握时，这种错误的期望可能会导致突然的焦虑和内心的恐惧，担心自己可能没有别人所说的那么聪明。因此，天资聪颖的学习者可能不会寻求帮助，而是假装对学校缺乏兴趣或做出一些负面行为，以免让别人知道他们学习有困难，他们在挣扎。

成功的内在动力

激发学习困难的学生和天才学生的天然动力是对成功感的需求。如前所述，大脑中负责情绪、情感的部分——杏仁核——有三个普遍的需求：对安全感的需求、对被需要的需求和对成功的需求。大脑对成功的需求是如此强大，因而当这种需求不被满足时，会导致一些激烈的情绪行为。当父母告诉孩子他们无法取得成功，这些孩子就宁愿扮演没有动力的学生的角色，或者表现出行为问题，也不愿面对尝试和失败。当家长和老师都告诉孩子他们很聪明，这些孩子往往会为学业成绩的突然下降找借口，而不是告诉别人他们没有真正学会。令人惊讶的结果是，因学业而苦苦挣扎的学生和天赋异禀的学生往往都选择扮演缺乏学习动力或挑衅好战的角色，而不是让别人知道他们行为的情绪原因——害怕失败。

不论是学习困难的学生，还是有天赋的学生，长期的失败都会使其大脑产生化学不稳定性，结果导致真正的行为问题和情绪问题。如果有天赋的学生其潜能太长时间没有被识别出来，这个学生将变得与学习困难的学生一样，无法区分。对有天赋的学生而言，他们最初的学习困难往往是在中学时开始出现的，对那些不了解学生的教师来说，很容易就会错过对孩子是否真的聪明的了解。对所谓表现不佳的亚群体的少数族裔男生来说尤其如此。现在的偏见是，来自表现不佳的亚群体的学生一直以来都存在学习困难问题，这使得大多数教师很难看到这些有天赋的学生的潜力。

对因学业而苦苦挣扎的学生和天赋异禀的学生来说，教育方法是完全相同的：创造一个仪式化的教育环境，让学生更有能力承担风险。可预测的仪式可以改善大脑的化学平衡。正是那些大脑更容易化学失衡的学生，无法妥善应对挑战。高度结构化的学校环境可以改善学生大脑的化学功能，从而减少学生的情绪反应。

在这种情况下，教育环境意味着是可以安全地犯错误的地方。尽管犯错、失败对大脑的帮助不如成功那么大，但学校需要减少由失败导致的压力。从上学的第一天起，老师要让所有学生明白学校是一个安全的地方，是允许犯错误的，这一点很重要。如果没有从错误中吸取教训的能力和不断尝试的意愿，我们将永远不会飞越天空或在月球上行走。最伟大的数学、科学和工程的发现，都是我们不断试错、不断吸取教训的结果，永远不要让错误阻止我们再次尝试。只有持续不断地尝试才有可能成功。

我们可以为不同的学生，包括学得快的和学得慢的，修改标准课程。为高年级和低年级准备相同的主题，其方法是完全相同的。关键是不要对学生在感兴趣的领域中所能达到的高度设定预想的限制。一旦学生体验到了成功，让他们在成功的基础上继续学习是很重要的。成功的动力是如此强大，一旦那些原本因学习困难而苦苦挣扎的学生找到感兴趣的领域，他们会让你惊讶于他们能走多远。

教给学生关于大脑的知识

告诉学生大脑的真相，帮助他们理解大脑就像肌肉可以越练越强壮一样，也可以越用越聪明。每个学生都可以通过学习获得一个更强大的大脑，他们学习越努力，大脑发展越快。许多学生认为智商是不会变化的，通常是因为家长和教师在不知情的情况下建立了这种认知。例如，父母可能会说一个孩子没有他哥哥聪明。好心的老师告诉学生，并不是每个人都擅长数学、社会研究或英语。学生则把这句话的意思理解为，当你做某件事很费力时，这意味着你永远不会擅长这件事。对一些在所有学科都学得吃力的学生来说，这一信息意味着他们将不擅长学习。然而，教师要传达的信息应该是，如果每个学生足够努力的话，他或她在任何科目上都能取得更好的成绩。

教师应该记住，研究表明，天赋出众的人在某个特定的学科领域往往表现出令人惊讶的弱点。这就意味着，许多学习困难的学生不应该因为表现出明显的学业缺陷而很快被排除在天才行列之外。一项研究发现，有天赋的学生可能会有特定的学习障碍，比如难以集中注意力，可能对拼写中的逻辑矛盾敏感，导致他们在拼写方面表现不佳（Kuhl, Coffey-Corina, Padden, & Dawson, 2005; Whitmore & Maker, 1985）。此外，许多天赋出众的学生的运动技能发展相对缓慢，书写水平较差。那些不愿为学生的注意力不集中、书写糟糕和拼写错误而劳神费力的老师，可能会错过又一个天才。认为大多数学习困难的学生可能至少在一个学科领域是优秀的，这种看法并非全无道理，因为人类大脑是会弥补缺陷的。事实上，许多学习困难或天赋异禀的学生最初都是未经雕琢的宝石，需要成功的经历才能引导他们绽放出光芒。如果教师认为所有学生都是有天赋的，并给他们提供一切机会证明他们的天赋，那么学生的潜能可能会更多更频繁地被发现。

建 议

1. 尝试让所有学生在第一次测验或考试中都能成功。让学生以多种方式展示关于考试内容的知识，这是很容易做到的。教师可以把符号和关键信息联系起来，让学生在问题上圈出正确的符号，教师也不用给答案打分。让学生站起来，演示与答案相关的正确手势。使用某种形式的无线投票反馈系统，比如允许学生在手机上发送关于正确答案的短信，并立即统计每个答案都正确的学生的百分比。这个策略让学生以非评判的方式获得反馈。

2. 教给学生关于大脑的知识，让他们基本了解如何才能学得好，以及大脑的可塑性意味着他们可以训练大脑，让自己变得更聪明。大脑的可塑性意味着大脑总是会改变的，取决于你训练它做什么。

3. 那些知道大脑如何弥补缺陷区域的教师，应该注意每个学生拥有的技能或能力。一个不会拼写、无法书写清楚的学生可以产生许多高级连结，反映出更高水平的思维。如果不允许学生以非常规的方式展示知识，这个学生可能会专注于他的不足，并得出自己不擅长学习的结论。

第 9 章　关于作弊的科学研究

当前标准化考试的教育氛围可能形成了一种下意识的（有时也是有意识的）作弊动机来取得成功。如果成年人潜意识里不太愿意去抓住作弊者，那么合乎逻辑地推断，学生将开始把作弊视为一种被认可的行为。这样的风险在于，未来的一代愿意为实现目标而走捷径。

作弊已经不再是一种违规行为了吗

一旦你介绍了一个成功的范例，学生们开始喜欢获胜的感觉，这就可能导致更大的作弊压力。在最近的一次教师培训项目中，我注意到有很多教师在期末考试中作弊。我特意说明，这不是一个集体合作的活动，而是一个标准测试。令我惊讶的是，没有一个教师改变他们的行为。事实上，他们没有试图隐瞒他们的作弊行为，甚至没有改一改他们的答案。我突然想到，在过去的几年里，作弊行为似乎变得越来越普遍。

在最近的一次学校参观中，我看到许多学生在考试中作弊，老师也在场。所以我询问在这次考试中是否允许与同伴合作答题时，老师严肃地说，学生们知道作弊是违反规定的，如果被发现，他们将得零分，他们的父母也会得到通知。后来，在对学生进行采访时，我问学生我所看到的作弊现象是否普遍。令人惊讶的是，大多数学生的回答是肯定的，在有些班级老师并不关心是否有人作弊。

我开始思考作弊是否已经不再是一种主要的违规行为，是否因为某种原因，作弊不仅在增加，而且越来越被大家接受。关于作弊的研究是有限的，但是现有的发现是，作弊是被广泛接受的。

第一个发现是作弊行为在上升。早在1997年的一项调查就表明，学生们并不认为作弊违反了道德准则。这项对九所州立大学1800名学生的调查发现，四分之三的学生承认在考试和书面作业中作弊（McCabe & Treviño, 1997）。没有必要列出一份研究清单来明确普通人群中的作弊行为正在增加。在某些领域，作弊的压力似乎有所增加，因为研究结果的诚实往往会导致生与死的问题。三分之一从事医学研究的科学家承认，他们从事不诚实的研究实践是为了获得或维持资助（Martinson, Anderson, & de Vries, 2005）。

第二个发现是，作弊关乎自我控制（self-control）。自我调节（self-regulation）是一个克服障碍的心理过程，这些障碍会阻碍学生的计划、注意力、学习、记忆和应对，而这些恰恰是学生实现眼前目标和获得长期成功所必需的。

如果没有自我调节的能力，学生就会屈服于各种不期而至的想法、干扰、情绪和欲望。缺乏自我调节能力是学校面临的大多数行为和学业问题的根源。因此，作弊行为的增加应被视为自控力下降的一个症状。自我控制能力的发展使学生能够超越即时的欲望，延迟满足感，取而代之的是促进学业成功的思想和行动（Inzlicht, Bartholow, & Hirsh, 2015）。

练习自我调节的能力取决于前额叶皮质的发展，它要发展到可以控制边缘系统（原始大脑）的程度（Bunge & Zelazo, 2006; Godefroy, Lhullier, & Rousseaux, 1996; Munakata et al., 2011; Robinson, Heaton, Lehman, & Stilson, 1980）。

学校应该考虑提高学生自我控制能力的一个关键原因是，它被发现是教育成功的最大预测因素（Blair, 2002）。自我控制能力是在儿童时期发展起来的，但也可以在青春期后期甚至成年早期得到发展，然而，在生命早期发展自我控制能力，障碍会更少（Bédard, Lévesque, Bernier, & Parent, 2002; Carver, Livesey, & Charles, 2001; Leon-Carrion, García-Orza, & Pérez-Santamaría, 2004; Williams, Ponesse, Schachar, Logan, & Tannock, 1999）。在小学阶段帮助学生发展自我控制能力，会改变他们整个学习经历的轨迹。通过积极的社会互动和学习，前额叶皮层能在可预测的环境中得到发展。作弊是由于前额叶皮层无法自我控制而产生的一种捷径。

作弊的氛围

事实上，我们倾向于认为大多数人不会作弊。然而，研究表明，如果环境有利，人类实际上很快就会作弊。2008 年，杜克大学的丹·艾瑞里（Dan Ariely）和他的同事们对一群大学生进行了一项测试，并确定了这些学生数学学习成绩的基线。他们要求学生解一道数学难题，解出者可以获得现金奖励，并以一种无法发现作弊的方式布置测试。研究人员发现，分数明显有水分，但分数并不是被几个严重作弊的学生夸大了，而是被许多轻微作弊的学生夸大了。这些研究结果显示了我们对人类的了解：当环境有利时，更多的人容易作弊（Gino, Ayal, & Ariely, 2009）。

在一项研究中，研究人员发现当环境不利的时候，作弊的大多是有创造力的男性（Gino & Ariely, 2012）。这一发现（即男人作弊[①]）对地球上的每一个女人来说都不应该感到惊讶。在创造力的心理测试中得分较高的人更容易不诚实（Gino & Ariely, 2012 年）。这是因为他们更善于自我欺骗，他们会自然而然地想出更巧妙的欺骗方法，因此，在更大的诱惑下，他们会屈从于自己的想法。此外，男性在涉及欺诈的犯罪中的比例过高（Fang, Bennett, & Casadevall, 2013），可能睾酮激素也在其中起作用。

[①] cheat 一词在英文中除了作弊，欺骗之意，还指出轨，不忠。——译者注

然而，对于那些没有创造力的男性来说，他们欺骗的最强烈的动机是害怕失去，失去尊重、地位、爱情、就业等。神经科学家斯蒂恩（R.Grant Steen, 2011）的研究表明，如果失去自己所珍视的或所需要的，尤其当失去的风险上升时，欺骗事件会增加十倍。

也许日常生活中对作弊影响最大的仅仅是处于一个发生作弊的环境中，因为一个人只要作弊了一次，下次就会变得更容易了。研究人员让学生在不使用词典或分类词库的情况下进行词汇测试。测试中学生不得使用上述任何一种资源，而研究人员则通过一面单向镜进行观察。学生们并不知道，在每个实验组中，都有人被安排为带头作弊。一旦学生发现有一个人作弊，他们作弊的可能性就增加了三倍（Blachnio & Weremko, 2011）。研究人员在不同的环境中多次重复这项研究，得出了结论：作弊是有传染性的。正如我们听到的哈佛丑闻，上"美国国会概论"课的279名学生中有125人因作弊而被调查。半数以上的被调查者被判有罪。这些学生几乎不可能缺乏完成这项作业的敏锐与智慧，也不太可能都是有创造力、有作弊倾向的男性。更有可能的原因是，规则的扭曲变得如此普遍，学生们都非常清楚这一点，因此作弊变得具有传染性。另一种可能性是，当学生研究国会议员的行为时，他可能会深受影响，因而去作弊。

让我们考虑一下通过标准化测试而建立起来的氛围，它似乎符合创造一个有利于作弊的环境的所有标准。那些本应该给学生灌输道德理念并对学生作弊行为保持警惕的成年人，可能不像以前那样积极了。现在有一种对失去的恐惧：学校里的教师如果不能达到足够的年度进步，就有可能失去声誉、尊重，在某些情况下甚至会失业。对学生考试成绩的重视不再仅仅来自家长以及内在动力。随着压力的增加，学生们也在体验着对于失去的恐惧，因为越来越多的学校通过某些外部奖励的形式来庆祝考试成绩的提高。学生们被告知，他们是谁由考试分数说了算。

当压力不断增加时，学校的风气可能会因作弊事件的增加而改变。一旦作弊行为增加，会有更多的学生倾向于参与作弊，而且这种行为可能会迅速升级。这也许可以解释为什么我在期末考试时看到很多老师作弊。如果他们处在一个宽容的环境中，他们会更倾向于自己完成测试而不是作弊。这也可以解释为什么在某些环境中的学生认为他们被鼓励作弊。这并不是说人类本质上是坏的，而是说人类在某些条件下的行为是以一种可预测的方式表现出来的。

作弊的后果

每一种行为都有其后果。如果一个未经深思熟虑的强制性测试所带来的意想不到的后果之一是一代人都想走捷径，那么我们都将是输家。教师的工作之一是树立榜样，教授道德规范，帮助年轻人认识到，有时候结果并不能证明手段的正当性。对学生来说，如果每一项成就都可以如此走捷径，他们很容易就学会了偷工减料。我们唯一不能重获的就是时间。如果我们错过了当下学习的每时每刻，就会改变我们本可以在有生之年学到的东西。重要的是要记住，人类的大脑是通过学习过程而变化和改善的。每当学生欺骗自己不必去学习新东西时，他们就会改变他们的大脑原本可以拥有的可能性。就学习而言，结果并不证明手段是正当的——虽然结果是由手段决定的。

建 议

1. 教师可以通过提高学生注意力、记忆力和学习能力来强化前额叶皮层，从而减少学生作弊的欲望。

- 进行注意力训练。
- 为学生提供能提高记忆力的策略。

例如，帮助学生了解大脑是如何通过重复和安静地思考来巩固记忆的（这是每天至少一个小时不学习的一个额外的好处）。当学生采用行之有效的策略来提高记忆力时，短时记忆更有可能成为长时记忆（见以下所列的一些方法）。

  □ 在学习后立即提问和分析新信息。
  □ 用自己的话和别人讨论新信息。
  □ 使用图像，将刚刚学到的东西形象化。
  □ 创造独特的联想，探索和阐述新的信息。

- 强调学习能提高自我控制力。

2. 教师应该意识到，专注于提高考试成绩会在潜意识中让大脑产生偏见，从而忽略作弊的证据。当我们意识到大脑是如何使我们的潜意识产生偏见时，我们就可以纠正错误的认知。

3. 要知道，许多学生并不认为作弊在道德上是错误的。在每一学年的开始，很重要的一点是向学生解释为什么作弊对他们是有害的。如果无视一些学生作弊，那么将会有更多的学生参与进来，认为作弊没什么大不了的。作弊的习惯往往很难改掉，因此，在生活的关键时刻，作弊者往往会走捷径，这可能会让他们付出沉重的代价。有些人坚持认为作弊没有错，一个典型的例子是一位化学家，他的整个学术生涯都在走捷径，他改变了一项药物试验的结果，后来导致数百人死亡。

4. 教师要向学生解释，那些花时间学习的人能够提高他们大脑的能力，即使所学的这些信息他们将来未必能用到。

第 10 章 同理心的消退

由于学生与多媒体技术的互动不断增加,他们的同理心在逐渐消退,这不仅对他们的社会行为产生严重影响,而且对学业成绩也产生了严重影响。教育工作者必须意识到这些问题,并在其成为普遍存在的问题之前着手解决它们。这一点至关重要。

同理心得分直线下降

教育工作者应该非常清楚地意识到,教育的作用之一就是让学生学会积极的社会行为。学校提供社会环境,让学生接触来自不同种族、文化和背景的其他学生。学生不是生活在象牙塔里,教师在每节课上都要面对社会动态对教学、对学生的影响,然而，教师往往意识不到大脑神经生物学水平上的变化对学生的社会行为所产生的巨大影响。

当前学生的同理心得分持续下降，科恩（Cohen, 2008）的研究发现，社会行为和对社会认同的渴望在产生高水平思维中起着重要作用，这一点因而显得尤为重要。电影《贱女孩》(*Mean Girls*)描绘了一群有良好社会适应能力的富家子女，她们对所有不属于自己小圈子的人都表现得很残忍。这些学生表现出的行为类型很容易与不良青少年联系在一起。看似健康的儿童和青少年，他们所做出的残忍行为看起来是在增加。这一趋势是真实存在的，还是每一代的长辈再次高估了青年文化中的负面行为？

在这种情况下，爸爸妈妈可能不会喊"狼来了"，但天空可能真的要塌下来了——一点一点地落下，就像儿童和青少年的同理心水平下降一样。在过去的 30 年里，根据学生自我报告中的同理心调查显示，大学生的这种特质在显著下降（Konrath, O'Brien, & Hsing, 2010）。值得注意的是，这些调查是针对大学生进行的，他们在很大程度上代表了社会上的年轻人中一个更能适应社会环境的群体。一个令人担忧的事实是，同理心得分下降的趋势在过去十年中表现得更为明显。这意味着这个问题不是在稳定状态而是在迅速恶化。更糟的是，针对同一人群调查显示，自我报告中的自恋得分达到了新的高峰（Thomaes, Bushman, Orobio de Castro, & Stegge, 2009; Twenge 2006）。低同理心和高自恋是一些更严重的情绪障碍的常见组成部分。

为什么同理心得分会下降

是什么原因导致了原本一直非常稳定的同理心得分直到20世纪70年代开始突然下降,并且之后的下降速度急剧加快?造成这种急剧下降的一个主要原因可能是短信在年轻人之间扮演了主要的沟通手段的角色。短信已经取代了面对面交流,成为儿童、青少年和年轻人的交流方式。

同理心是指对个体的行为、感知或情绪状态进行观察,这种观察激活了观察者的相应表现。一项关于同理心的重要研究得出结论,有同理心的个体比没有同理心的个体更容易在潜意识中模仿他人的姿势、举止和面部表情(Porter et al., 2000)。后来,一项关于同理心的权威研究使用功能磁共振成像(fMRI)发现,当观察他人的情绪时,大脑的运动区域会在大脑中模拟做同样的情绪暗示(Carr, Iacoboni, Dubeau, Mazziotta, & Lenzi, 2003)。这一研究结果表明,对他人行为的内在模仿发生在大脑中,这是体验同理心的重要组成部分。

研究人员还发现,那些在外表上模仿他人情绪暗示的人,其体内的化学信号会增强,从而加深了对他人情绪状况的理解,因此产生更强的同理心。发展心理学研究表明,动作和情感的模仿在婴儿和照顾者之间早期的互动中是活跃的,这表明这些过程可能是天生的。虽然同理心的能力可能是与生俱来的,但功能磁共振成像(fMRI)的实验证实,个体需要观察他人的面部表情、姿势、手部动作和语调,才能触发与同理心有关的大脑区域的活动。让大脑恰当地触发同理心,这一能力需要持续地接触他人的非语言情感线索和音调。

这项研究确定了与同理心有关的大脑区域是：

● 颞上沟，在模仿他人行为中起重要作用；
● 前岛叶，在解释和预测他人行为中起重要作用；
● 杏仁核，为非语言线索提供情感意义；
● 前运动皮层，在反映大脑行为和与实践相关的社会学习中起重要作用（Carr, McLaughlin, Giacobbe-Greico, & Smith, 2003）。

另一个导致同理心得分下降的因素可能与接触暴力媒体和电子游戏的儿童和青少年的人数增加有关。青少年的一个常见做法是将残忍行为录像，并将其作为一种娱乐形式发布在互联网上。布什曼和安德森（Bushman & Anderson, 2009）进行的一项研究表明，接触暴力媒体内容后，同理心会暂时降低。在这个可以即时访问的世界里，暴力媒体触手可及。由于过度接触这些暴力媒体内容，我们可能会对可怕的行为产生一定程度的麻木不仁。我们几乎每天都能看到大规模枪击事件和愚蠢的暴力行为，因而我们这个国家不再为此哀悼。人类的大脑是安静平和的，它的结构和功能会根据我们的经验发生变化；研究已经证明，持续暴露在暴力刺激下会导致大脑产生长期的结构变化。

2006年，密苏里大学的心理学家布鲁斯·巴塞罗（Bruce Bartholow）和他的同事们报告说，与非暴力游戏玩家相比，长期玩暴力游戏的玩家在对暴力画面作出反应时表现出特定脑电波的激活较少，这表明他们的厌恶感较低。心理学家并不是说接触电子游戏会产生反社会的倾向，然而，这的确有降低同理心的风险。芬克（Funk, 2004）和她的同事确认，大量接触那些描述现实生活中的暴力的视频游戏，其最一致的结果是大脑产生同理心的能力会降低。记住，同理心在我们的日常学习中扮演着重要的角色，同理心是一种具身认知形式。

低同理心对理解的影响

同理心的这种转变应该引起每个教育工作者的关注。随着同理心的下降，学生从文学作品中获得更多信息的能力也会下降。从本质层面去理解的能力实际上是最高的理解形式。此外，对他人感情冷漠的学生往往会破坏学校的氛围，这也会对学生的学习和社会性发展产生负面影响。

人类有能力通过设身处地为他人着想，从而有意识地接受他人的主观观点。这种能力要求我们能够用自己的神经机制在心理上模拟他人的视角。一项神经成像研究要求参与者写一个短篇故事，描述现实生活中引起诸如羞愧等感觉的情感状况（Ruby & Decety, 2004）。在写这个故事的时候，要求参与者想象他们所关心的人的感受。研究结果表明，写作——即使是从他人的角度出发——也会引发一种同理心的认知过程。然而，更多的同理心的情感处理（包括杏仁核和颞极在内的脑区），是在作者对所写情景具有情感敏感性时表现出来的。

这就可以解释为什么我们能够从文字中看到美，或者被一首诗感动到流泪。同理心在日常学习中起着重要作用,这让我们有独特的能力来读或写一篇文章,并感受到文字试图传达的快乐或痛苦。尼登塔尔(Niedenthal)的研究表明,单词单独呈现时,大脑中反应面部表情的区域对它的反应水平往往不如在上下文中所阅读的单词(Niedenthal et al., 2009)。同理心的作用在于帮助理解。有趣的是,那些在阅读时面部表情变化较少的人,其阅读理解水平也较低。这些人在同理心量表上得分也较低。

众所周知,反社会者和精神病患者缺乏同理心。他们无法看到别人的痛苦,也很难体会到别人的痛苦。聪明的反社会者能够熟练地阅读非语言暗示,并知道这些表达的含义。然而,理解仅仅限于文本理解。当有限的同理心加上高度的自恋时,就会产生操控他人的欲望;当自己的行为给他人造成痛苦时,就会表现得麻木不仁。正是由于缺乏在日常生活中体验强烈情感的能力,才驱使反社会者做出一些极端的行为,而他们只是为了体验某种东西。斯坦福系统神经科学和疼痛实验室的肖恩·麦基(Sean Mackey)博士说:"如果不是因为人类有体验同理心的能力,人类早在很久以前就把彼此从地球上抹去了。"(Mirsky, 2008)

建 议

学校不仅仅是一种社会环境,还是社会训练场。在大的社会环境中,大脑通过学习大多数人的重复实践来建立规范的行为。每个学校围墙内的社会实践为未来建立了一个社会模板。对人类行为影响最大的是社会吸引力。杏仁核会被那些与它有共同点的杏仁核所吸引，因此，学生的社会行为对他们的同龄人有很大的影响。然而，社会趋势和当下学生的行为模式表明，他们的同理心在下降，自恋在增长。学校必须帮助学生认识到，社会行为是最有力的预测因素，可以预测身体健康状况、获取或预防风险因素、准确评估人类行为以及对人类行为感同身受的能力（Adler et al., 1994; Berkman, 1995; Kiecolt-Glaser, McGuire, Robles, & Glaser, 2002; Uchino, 2004）。最重要的是，发展健康的社会实践，将有助于学生防范因与多媒体技术的持续互动而导致的同理心下降，而同理心下降会导致残暴行为的发生。当前社会行为的趋势将严重影响大脑获得感受他人痛苦的能力以及深刻理解口头或书面语言的能力。

午餐的社会意义

关于进餐礼仪的积极益处的研究令人震惊。学校应该知道，在美国的每一家自助食堂都是重要的用餐聚会地点。至关重要的是，学校要在餐厅营造一种氛围，使学生能够意识到用餐这种社交礼仪的好处。社交聚餐是指用餐时适当的交谈。一项又一项研究证实了社交聚餐对学生的好处。这些好处包括降低肥胖、吸烟、酗酒、吸食大麻、尝试非法药物或处方药以及压力等风险（哥伦比亚大学成瘾和药物滥用国家研究中心，2011）。此外，社交聚餐还具有一些重要的社会益处，例如，增加了学生同伴之间以及学生和成年人的交流。吃饭时面对面交谈会触发催产素，催产素是一种与联系、减轻压力和改善皮层功能有关的激素。催产素在建立联系中的作用以及同理心在有意义的谈话中的作用，形成了一种强大的日常体验，锻炼了学生的同理心技能。

告诉学生面对面交谈的重要性

短信在交流中的作用越来越大，这会降低同理心的水平。个体并非生来就具有充分发展的同理心技能。杏仁核和脑岛在解读非语言线索和解释其含义方面发挥着重要作用。不久前，研究人员宣称，婴儿天生就有能力模仿任何方言中的语音。这一发现使研究人员让一组儿童在他们的婴儿时期就接触各种语言的磁带，看看这是否会提高他们成年后的语言能力。然而这样做并没有任何影响。我们现在知道，婴儿在面对面交流时，对语言的关注才会显著增加。我们也知道，在面对面的交流中，大脑会触发同理心。我不是建议学生不要发短信，而是要让学生明白我们需要通过充分的面对面交流来平衡日常行为。

告知家长有必要限制暴力的媒体内容和游戏

家长们不必保护他们的孩子使其远离现实世界，然而，他们应该对孩子在现实世界中接触暴力的媒体内容和视频游戏的数量加以限制。研究结果很明确：暴力内容对人脑的负面影响来自持续地接触暴力内容。

同理心的消退会对社会交往和阅读理解产生负面影响。在一个同理心逐渐消退的世界里，我担心越来越少的学生能够完全理解莎士比亚（Shakespesre）和卡明斯（Cummings）[①]的作品。当然，他们能够读出单词，但理解上下文中的意义还需要积极的同理心来参与。

> 这是深藏的无人知晓的秘密
> （这是根中的根，这是芽中的芽
> 这是天空的天空，这是一棵叫作生命的树
> 它远远高于心灵的期望，也远远超出想象的空间）
> 这是造化的奇迹，足以使繁星分隔两地
>
> （卡明斯）

[①] 卡明斯（Edward Estlin Cummings, 1894—1962 年），美国诗人。卡明斯对诗歌的格式、发音、拼写和句法进行了大胆的实验，创造了一种全新而又特殊的诗歌表达形式，是继罗伯特·弗罗斯特之后美国最广为人知的诗人。——译者注

第 11 章　新的校园欺凌

教育工作者已经开始意识到欺凌行为正在发生变化，因此，欺凌的定义已经扩展到开始处理网络欺凌的演变。然而，在我们的定义和反应中似乎缺少一个对欺凌为什么会发生变化的合理解释。面对欺凌事件，更好的理解将有助于形成更有效的措施。

女孩欺凌行为在增加

同理心水平的下降或许最能解释学校里正在发生的新的欺凌行为。那首著名的童谣说"男孩是由青蛙、蜗牛和小狗的尾巴组成的"（*boys are made of frogs and snails and puppy-dog tails*），而科学解释则说男孩有更多的睾酮和更大的杏仁核。睾酮是一种激素，它使男孩更强壮、更好斗、更易怒。更大的杏仁核导致竞争力、攻击性和冲动行为的增强。这就是为什么男孩更容易在身体上发起攻击，并参与更多身体上的欺凌。

童谣还说"女孩是由糖、香料和一切美好的事物组成的"（*girls are made of sugar and spice and everything nice*），这可以用雌激素和较小的杏仁核来解释。雌激素是一种爱好和平的物质，可以促进交流和提高同理心。雌激素再加上较小的杏仁核，可以防止女孩达到情绪失控的程度，情绪失控会切断她们与大脑皮层的沟通，这种情况通常发生在男孩身上。因此，大多数女孩即使在情绪激动的时候也能保持思考；也因此，女孩通常采用的欺凌行为往往更为深思熟虑和精于算计。

尽管身体形式的欺凌在女孩中有所上升，但其在女孩欺凌行为中所占的比例仍然明显较低。女孩的身体欺凌行为的增加，部分可以归因于睾酮水平的上升。先天的肾上腺增生（Congenital Adrenal Hyperplasia, CAH）导致女性胎儿产生大量的睾酮（Berenbaum & Bailey, 2003 年）。睾酮水平较高的女孩通常是假小子，她们通常在青春期后从较男性化的行为中脱离出来。然而，许多研究人员认为，先天性肾上腺增生、食物中睾酮水平上升、一代又一代的职业女性与男性同台竞争、女性获得更多体育运动的机会等等，都导致了一小部分女孩睾酮水平足够高，可以表现得像男孩一样。

更常见甚至可能更邪恶的是，女孩欺凌是精于算计的、狡猾的。女孩欺凌不是受身体冲动的驱使，而是采用一种常见的做法，叫作排斥或孤立。学校的评估数据是相当确定的。高中里的女孩小团体通常针对特定的学生，而团体里的其他人则不与这个学生来往。然而，现在这种做法在初中已经有了，令人惊讶的是，甚至在小学里也发现了。在这些恃强凌弱的年轻人中，大多数人的行为模式是一致的：她们通常有姐姐参与过欺凌活动。尽管许多年幼的欺凌者承认是通过旁观姐姐的行为来学习如何欺凌他人，但同时她们也声称通过观看电视节目来"提高技能"，比如迪士尼和尼克国际儿童频道（Nickelodeon）等专门针对欺凌主题的电视节目。这就是为什么威廉姆斯（Williams）——一位对"排斥"行为进行广泛研究的心理学家——认为，欺凌行为很难被消灭。当一些项目在教育孩子，告诉他们欺凌行为的负面影响时，也常常无意中"教导"了欺凌行动的作恶者，让他们知道可以如何去欺凌他人（Williams, Cheung, & Choi, 2000）。有欺凌行为倾向的个体往往会迅速将所学的信息应用于不同形式的骚扰，给他人带来各种负面情绪的影响，并且在恐吓他人时变得更加谨慎和精于算计。

男孩挥拳，女孩排斥

现在人们已知道，一个简单的排斥行为会降低学生的自尊，导致学生产生失控、悲伤甚至愤怒的感觉（Williams, Cheung, & Choi, 2000）。更具破坏性的是，经历过被排斥的人更容易与大多数人的行为保持一致，即使他们知道那是错误的，他们仅仅是为了避免再次经历被排斥的遭遇，因而与他人保持一致。这就解释了为什么许多通常不会参与欺凌行为的好孩子，最终也加入到欺凌行为中，他们这么做只是为了避免被排除在群体之外。

那些大脑对生活环境有更强化学反应的学生，当他们一再被排斥时，会采取令人惊讶的手段来结束被疏远所带来的伤害。有些人会对那些给他们带来痛苦的人进行身体上或情感上的猛烈攻击，而另一些人则会以自杀来结束这种痛苦（Wesselmann, Butler, Williams, & Pickett 2010）。互联网为欺凌提供了一个"公平"的竞争环境。你不再需要变得高大强壮，你可以是隐藏在网名后面的匿名欺凌者。但是，被排斥的痛苦是真实的。核磁共振成像显示，这种行为触发了背侧前扣带皮层的活动，这是一个与情绪和身体疼痛相关的大脑区域。对一些人来说，被排斥的痛苦是很难排解的。容易焦虑或抑郁的个体从被排斥中恢复过来的时间明显更长。反复遭遇被排斥会引发一系列的情绪和身体问题。

学校往往把注意力放在公开的欺凌行为上，而忽视了那些精心策划的排斥行为，因为这种行为往往是由一些最聪明的女学生实施的。一些关于学龄儿童同理心水平较低的最新数据揭示了这一点。女性的大脑天生就对非语言暗示很敏感，这种敏感性对于体验同理心是必不可少的。可能是因为同理心的消退导致了很多女孩对自己的行为给同伴带来的影响不那么敏感。现在是时候认识到，女生排斥、孤立同伴的做法与男生一拳猛击在他人嘴上一样严重，甚至更有害。

男孩和女孩实施欺凌的主要原因是他们对自己认为不同的人的容忍度较低。对待差异，杏仁核的反应会有所增强。对某些个体而言，差异会触发更强烈的反应，从而导致欺凌行为。男孩的强烈反应往往是对他们认为最脆弱的人产生攻击性行为。女孩的强烈反应常常使她们产生一种欲望，要把她们认为不同的人从朋友圈中隔离出去。最终，无论是男孩还是女孩，如果他们大脑中对那些被认为是不同的人有强烈的化学反应，那么他们更有可能做出不恰当的社会行为。

减少欺凌的有效策略

减少杏仁核反应增强的最有效方法之一，就是迫使它专注于不同个体的共同之处。杏仁核的反应会因差异而增强，也因共性而缓解。当任其自行其是时，杏仁核会被最熟悉或最常见的东西所吸引。这就是为什么个体倾向于和他们有共同之处的人建立联系，以及为什么在学校里学生甚至是成年人之间会有小群体。这对处于不断变化中的青少年大脑来说更为重要，因为他们在与自己合得来的人面前寻求安全感。然而，在压力情境下，杏仁核会由于一些不同的东西而深受刺激。在男生欺凌者或女生欺凌者对与他们不同的人作出更强烈的反应之前，教师需要进行调解。

研究表明，让学生知道他们互相之间有共同之处，无论多么微不足道，都能使杏仁核平静下来，促进更健康的同伴互动。教师应该让学生参与一些游戏和活动，帮助他们意识到，无论他们看起来多么不同，他们都有共同点。建议教师在开始关于欺凌的教育之前，先在课堂上营造一定程度的社交舒适感。这会降低学生从最初的利用信息到进一步进行骚扰行为的欺凌倾向。

窗帘后面的欺凌

要继续讨论有关欺凌转变的话题，就必须先明确网络欺凌的几个关键点。网络欺凌影响人类行为的第一个方面是匿名性。研究人员将健康的正常成年人安置于一间有软垫的黑暗房间里（完全看不见），并通过专门的摄像机记录下他们的行为。那些相信没有人会知道自己是谁的个体，表现出一种自由的感觉，这让他们能够跨越社会规范和体面的边界（Gergen, Gergen, & Barton, 1973）。当大脑意识到行为是不用承担责任的，它就容易违反社会规范，情绪更冲动，攻击性更强（Kiesler, Siegel, & McGuire, 1984）。

这就可以解释为什么一种新的行为现象产生了有害的"去抑制①"作用，并在互联网上显现出来。这是一定程度的"去抑制"，它看上去像是"覆盖"了前额叶皮层，使人作出某种行为决定，而这些行为往往会伤害他人甚至自己（Brotsky & Giles, 2007; Chau & Xu, 2007; Malamuth, Linz, & Yao, 2005）。在线交流没有产生健康互动所需的人际触发因素。缺乏面对面交流不仅降低了同理心，而且改变了语言的处理方式。当我们看到屏幕上的单词却没有看到相应的表情时，我们的眶额皮层无法进行情绪控制，我们也就无法从中获益。

当人类的大脑认为某种负面行为是普遍存在的时候，大脑也

---

① 去抑制是指由于某种外在因素的影响使个体的行为抑制下降或丧失。——译者注

很容易参与到这个负面行为中。这在暴乱中很常见。通常不会参与其中的那些人也会被大众模仿的行为模式所吸引。"病毒式传播"一词是网络版的集体歇斯底里症。许多参与煽动性评论的人被指出是肇事者，然而，那些在网站上浏览这些内容的人，所有的看客，他们也是参与者。杜克大学的丹·艾瑞里（Dan Ariely）的研究清楚地表明，当一项行动的参与者越来越多，再加上人们都相信自己不会被抓住，这就具备了集体参与的所有要素（Gino, Ayal, & Ariely, 2009）。

网络欺凌不仅仅是青少年的问题。当成年人不假思索地发出一封愤怒的电子邮件或诽谤同事时，他们就加入了欺凌者的行列。研究表明，参与网络欺凌的成年人比青少年多。皮尤研究中心[①]指出，大约75%的美国成年人目睹了网络骚扰，40%的人是某种形式的网络欺凌的受害者（Duggan, 2014）。

欺凌和网络欺凌的区别在于，一旦发布到网络上，人们总能找到欺凌的证据。对于情感脆弱的人来说，比起脸上被挨了一拳更糟糕的是，要一直担心是不是有人看到那些欺凌行为，因为从网络空间中完全抹去某些东西几乎是不可能的。吉斯林·拉扎（Ghyslain Raza）就是一个很明显的例子。2002年，同学们上传了一段视频，是一个少年在学校晚会上笨拙地表演《星球大战》的小品，它获得了2700万的点击量。一年后，颇受欢迎的电视

[①] 皮尤研究中心（Pew Research Center）是美国的一所独立民调机构，总部设于华盛顿特区。该中心对那些影响美国乃至世界的问题、态度与潮流提供信息资料。研究中心受皮尤慈善信托基金资助，是一个无倾向性的机构。——译者注

节目《恶搞之家》模仿了拉扎的视频短剧。2006 年，有人发布了具有《星球大战》特效的拉扎的视频，点击量多了 1200 万。这还不够，有人很聪明，把尤达大师[①]插入了视频中，因此看起来好像是尤达大师在和拉扎打斗——又增加 200 万的访问量。其他对视频的修改偶尔也会被发布。这名学生从最初的帖子开始就一直饱受折磨，最终因抑郁症住院治疗。他害怕别人看这个视频，并由此形成对他的固定看法。

被大家笑话的感觉会产生如此程度的焦虑，以至于脆弱的人有可能患上抑郁症，或滥用药物，甚至自杀。奥德里·波特（Audrie Pott）是个非常受欢迎的学生，在她 15 岁的时候，有一张据说是她被性侵后不省人事的照片在她所在的高中传播开了，后来她因此而上吊自杀了。许多学生报告说，他们的一些令人尴尬的照片或视频在学校被传播开后，他们只能离开这所学校。这些学生生活在恐惧中，担心照片或视频会在下一所学校重新出现。一些学生讲述了不得不搬好几次家的经历。更有甚者，父母不得不举家搬迁到另一个州，以便让孩子有机会接受正常的高中教育。

网络欺凌对大脑具有破坏性。那种无法抹去耻辱的感觉会影响人的自我意识。要记住，青少年的自我意识来自他人。那种让人最尴尬的时刻永远不会被抹去的感觉，往往会导致大脑将这种自我认知进行编码，直至进入成年期。如此多的人目睹你的屈

[①] 尤达大师，系列电影《星球大战》中的人物，德高望重，原力非常深厚。——译者注

辱,往往会让你产生一种偏执和孤立感,这会加剧焦虑和抑郁的程度,并可能引发其他情绪紊乱。网络欺凌不像学校里的欺凌,可以躲避。这种欺凌无处不在,而且可以采取多种形式,即使不在场,也会有一种末日逼近的感觉。

建 议

　　人们再次要求教育介入这场冲突,帮助学生应对欺凌的演变。然而,这种帮助不能仅仅靠政策和程序来实现。政策和程序解决的问题是,如果发现学生有欺凌行为,他们将如何受到惩罚。学校必须先做最擅长的事——教育。在现实世界中,大多数学生和成年人对欺凌者的样子和行为都有所了解。大多数参与网络欺凌的人并不认为自己是欺凌者。在这个无所畏惧的新世界里,欺凌者是指任何使用电子通信设备、采取任何卑鄙的行动来骚扰或冒犯他人的人。如果使用电子设备的行为是为了惹恼或冒犯他人,在这种情况下,没有人可以被赦免。但学生往往认为,仅仅是去看别人在笑什么或嘲笑什么并不是有意欺凌。品格教育和社交技能课程必须成为有效的反欺凌课程的一个重要组成部分(Dygdon 1998; Lajoie, McLellan, & Seddon, 2001; Sanchez et al., 2001)。

　　研究表明,定期对学生进行调查,评估校园环境中网络欺凌的普遍程度,看起来有助于学生在大脑中将问题的处理从情绪化转向深思熟虑(Greenya, 2005)。通过回答几个与欺凌有关的关键问题，大脑不仅被迫在杏仁核处理情感话题，还被迫在负责逻辑思考的大脑皮层思考这个话题。这是在没有说教的情况下实现的，而说教会导致消极的情绪反应。

技术课应该教授恰当的网络行为。采用行为准则可能会有所帮助，例如，一个负责任的网络使用者应拒绝在网上传递负面信息，甚至拒绝讲伤害他人的笑话。一个判断网络行为恰当与否的标准很简单：如果你不愿意面对面地做这件事，你就不应该发短信、发帖子，或以其他方式传播。对于新的问题，学校不能仅仅是将它们添加到应受惩罚的行为列表中，以此来进行管理——尤其是那些影响教育但超出了许多学校能充分进行调查的行为。

事实上，技术本身并无所谓好或坏。我们会利用原本能帮助我们的各种发明来伤害他人，在这方面我们人类有着糟糕的记录。在当今这个时代，对学生进行伦理责任教育是至关重要的，因为它与技术进步有关。然而，技术创新的速度是如此之快，学生们还没有指导手册来告诉他们应当如何负责任地使用这些技术。每一次创新都伴随着新的机遇和风险。

关于网络欺凌，本应发出一个明确的警告：每一项技术进步都会带来新的风险，可能会改变儿童和青少年的行为。学校必须先行一步，教育学生使用技术应承担的责任，而不是等到下一个进步成为下一个大问题。

第 12 章　饮食与教育

饮食习惯的改变正在改变大脑中负责饮食、睡眠和成瘾的关键区域。我们的饮食和睡眠习惯与大脑集中注意力、巩固新信息和进行高水平思维的能力有直接关系。

在养成饮食习惯方面学校起着关键作用

正如技术和社交媒体的变化改变了欺凌的方式一样，一些更基本的东西在我们面前慢慢地发生了变化，它被注意到了但未被识破。这是一个严重的问题，给学生的健康和幸福带来了可怕的影响，但这个问题很少得到承认或解决。对此，教育工作者正在达成共识，他们的集体良知是明确的。难道没有人注意到我们的学生身体长得越来越高大，成熟得越来越快吗？曾经只在成年人中出现的健康问题，比如2型糖尿病，现在却在越来越年轻的人群中出现，这难道没有被发现吗？这个问题与饮食习惯有关，学校有意无意地在其中扮演着重要角色。

在美国，学校对儿童和青少年饮食习惯的影响排名居第二（Wardle & Cooke, 2008）。然而，由于预算方面的考虑，许多学校将早餐和午餐的准备工作外包给了营利性公司。其结果是加工食品的数量增加了，饮食中含糖和脂肪过多。这个问题远远超出了肥胖的范畴：它与大脑结构的形成有关，大脑会变得更易上瘾，更易患情感疾病，而且学习能力较差。

教育在社会学习中能发挥重要作用，现在是时候让我们面对这一事实。教育工作者不能一方面说我们在教授人生课程，让学生为未来作好准备，但另一方面却抗议必须解决超出正规教学范围的问题。孩子们在学校里学到了很多关于生活的知识。学校需要提供关于饮食的教育，帮助学生在学校发展良好的饮食习惯，并帮助学生养成有益于大脑的健康饮食生活方式。

肥胖的新风险

人类需要吃东西才能生存。这就是为什么人类大脑有两种神经生物学机制来控制食物摄入。下丘脑控制着我们什么时候需要吃东西来保持健康，而在原始大脑的深处，伏隔核控制着我们的食欲。由于我们需要葡萄糖和脂肪来维持生命，伏隔核会分泌多巴胺，让人感觉愉悦，以此作为一种奖赏反应，激发人类对含糖或脂肪食物的欲望。这种奖赏制度确保我们有动力克服障碍甚至是威胁去寻找食物。这种机制在远古时代是至关重要的，那时食物匮乏，获取食物的过程往往是充满危险的。然而，当吃的欲望超过了吃的需要时，问题就出现了。无法放弃奖赏反应，无法放弃食物，这种反应一直压制着下丘脑发出信号，随着时间的推移，大脑开始训练自己不只在需要的时候才给予刺激来摄入食物。大脑的这种简单调整是导致肥胖的主要原因。

在与成瘾有关的大脑研究中，伏隔核成为研究重点。如前所述，人们普遍认为，大多数人是由于持续过量地享用某种物质，导致伏隔核触发多巴胺的分泌，因而产生成瘾。这种过度享用导致一种耐受性，使得他们需要不断地摄入更多物质，以获得与最初感觉相同的奖赏水平。后来，人们发现，一小部分人已经处于更大的成瘾风险之中，因为他们患上了所谓的"奖赏缺乏综合征"(Stice, Yokum, Blum, & Bohon, 2010)。正如第 7 章所讨论的，这些人在伏隔核中的多巴胺 2 型受体似乎比其他人更少，其结果是在日常生活中多巴胺活性降低。如果这些人摄入一种能触发多巴胺 2 型受体的物质，他们就会立刻有更强的动力去摄入更多，以分泌更多的多巴胺。因为他们天生就有一种耐受性，他们会立刻摄入更多以获得像最初一样的快感。很有可能，世界上 20%的天生易患肥胖症的人患上了奖赏缺乏综合征。还有一些超重的人沉迷于甜食或高脂食物，以至于形成了一种耐受性，迫使他们进一步摄入，吃得更多（Volkow et al., 2001）。在过去，那些有可能产生耐受性的人只占人口的一小部分。

最近 50 年的变化已经导致大脑的需求和欲望系统严重出错，这个危机从全球肥胖者数量的急剧增加中可见一斑。一些专家预测，现在世界上有 26 亿人超重（Popkin, 2006）。这种数量上的增长是呈指数式增长。例如，1989 年，在墨西哥只有很小比例的成年人超重，没有超重的儿童。到 2004 年，15 年后，71% 的女性和 65% 的男性超重，糖尿病的患病程度已经开始赶上美国等国家——在这些国家不良的饮食习惯由来已久。必须要问的是，人类的大脑在如此短的时间内从对食物的正常需要发展为对食物的极度渴望，是什么导致了如此巨大的变化？

直到 1940 年时，人们还普遍认为肥胖主要是遗传倾向的结果。1944 年，研究人员安塞尔·凯斯（Ancel Keys）证实，对那些不易患饮食失调的人，显著地改变他们的饮食习惯，导致他们的摄食行为发生改变，罹患肥胖症的风险会增加（Keys, Brožek, Henschel, Mickelsen, & Taylor, 1950）。安塞尔·凯斯可能是第一个实施此项实验设计的人，他安排有强迫性饮食障碍和体象障碍的人先减少 50% 的食物摄入量，然后再允许他们自由摄入不健康的食物，结果是，研究中的男性参与者，在被限制进食后，为了恢复他们减掉的体重而过量摄入食物。然而，在恢复正常体重后，他们继续暴饮暴食；他们囤积食物，而且常常在深夜醒来，只是为了吃掉更多的食物。几个月后，他们不仅变得超重，而且开始出现身体形象问题：抱怨自己大腿太粗，屁股太大。他们不喜欢自己或自己的身体，并感到羞愧。实验结果表明，肥胖不仅受遗传倾向的影响，还受环境和行为的影响。饮食习惯的持续短期变化也会显著地改变大脑功能，导致情绪紊乱。这是一个明确的警告——为什么饥饿节食不仅无效,而且对长期的饮食习惯也是有害的。

数个世纪以来的进化选择使得人类一直在寻求高热量食物,以度过食物匮乏的时期。食物的生产和消费主要是基于生存的需要。一旦食物生产成为资本主义的推动力,我们就第一次有动力运用我们的技能和知识来提高生产和增加消费。生产商不再满足于基于饮食需求的经济市场,他们发现操纵消费者的饮食欲望更有利可图。研究人员德·阿罗约(de Araujo)等发现,仅仅是增加卡路里的摄入就能增强伏隔核中的多巴胺水平(Ferreira, Tellez, Ren, Yeckel, & de Araujo, 2012)。类似的发现开始影响市场策略,新的市场策略目的在于改变与热量摄入有关的行为。研究表明,如果大脑的系统总是习惯于消耗更多的卡路里,它会产生一个临界点,在这个临界点,对奖赏的敏感度会减弱,从而导致约束的降低。

相比于因为需要而吃东西的人,什么人更有利可图呢?一群渴望吃的人!这些人会消费更多的食物,支付更多的钱,即使暴饮暴食可能致死,也挡不住他们继续吃。到目前为止,人们应该可以理解为什么快餐连锁店不断涌现,超过了其他任何形式的餐馆的增长。需要指出的是,营销专家和策划师比普通大众更擅长学习脑科学。人们有没有想过,为什么快餐连锁店提供的套餐份量更大,但价格比单独购买更便宜?即便你会对自己说,"我不会把所有的食物都吃光,我只是为了省钱才买了这个套餐",殊不知,你已成为了行为研究的牺牲品。康奈尔大学食品和品牌实验室主任万辛克(Wansink)研究了人们的饮食习惯和营销策略,发现无论摆在面前的是多大分量的食物，人们往往会吃掉其中的92% (Wansink & Johnson, 2015)。这个简单的策略导致人们吃得更多。现在，美国的每一家快餐店都把大部分食物组合在一起以更优惠的价格出售，这是他们的标准做法。

这些连锁店里广泛供应的食品，如芝士汉堡和奶昔，就其热量而言，就像是超级食品。一项对老鼠的研究表明，在连续吃高脂肪和高糖食物40天之后，如果停止提供高脂肪的人类垃圾食品，老鼠平均会有14天拒绝吃健康食品（Johnson & Kenny, 2010）。这项研究得出的结论是，过量食用高糖和高脂肪的食物会触发与可卡因和海洛因成瘾时所激活的相同的大脑回路。更令人恐惧的是，与可卡因或海洛因相比，暴饮暴食更容易快速引发上瘾，并且在行为终止时，大脑的奖赏系统需要更长的时间才能恢复。这意味着过量食用高糖和高脂肪的食物将会使大脑的欲望系统失控。食用高脂肪、高糖的垃圾食品会迅速使多巴胺受体减少。

对可卡因上瘾的老鼠，需要两天时间才能恢复正常水平。在肯尼和约翰逊（Kenny & Johnson）的研究中，肥胖的老鼠用了两周的时间来恢复它们原本的多巴胺受体密度。这表明不良饮食习惯的后果会对人类大脑产生更长期的影响。健康的大脑对非法物质上瘾远比对食物上瘾要困难得多。简单的区别就在于你必须吃东西。食物上瘾只需要一个显著的转变，即提供含有大量糖和脂肪的加工食品。问题是，这种饮食习惯的改变已经发生在许多出生于这个快节奏社会的儿童和青少年身上。这种过早地训练大脑适应高糖和高脂肪摄入的转变，或许可以解释为什么发达国家的肥胖人口比世界上饥饿的人口多。

斯蒂斯（Stice）及其合作伙伴利用功能磁共振成像技术（fMRI）进行了一项研究：让青春期女孩观看美食的图片，并想象吃那些美食的场景，同时他们扫描这些年轻女孩的大脑（Stice, Yokum, Bohon, Marti, & Smolen, 2010）。研究人员根据受试者看到美食的反应和体重指数（body mass index, BMI）建立了多巴胺活动的基线。之后对受试者进行为期一年的随访。结果令人震惊：多巴胺活性较低的女孩患肥胖症的风险更大，同时，那些看到食物时多巴胺更活跃的女孩也有超重风险。斯蒂斯发现，当女孩的体重超过最佳体重指数时，她们看到食物时的多巴胺激活也增加了。研究表明，那些在基因上没有肥胖倾向但却坚持摄入过多卡路里的人，在看到自己想吃的食物时，会产生一种左右为难的反应。她们看到自己渴望的食物，即使不饿，也有动力去吃。如果她们总是在不饿的时候吃东西，她们对食物的渴望就会增加。这就解释了为什么采用了促进食品消费的策略后，再投资数百万美元进行广告是非常值得的。应该指出的是，当个体对食物的多巴胺反应增强后，如果个体继续过量摄入食物，大脑最终会抑制多巴胺的反应，肥胖的风险将会出现，即使先前没有任何遗传危险因素。

沉溺于消极行为

我只关注了饮食中多巴胺的激活，以及习惯如何重塑大脑。

还有另一个由情感创伤和压力导致的复杂情况——伏隔核分泌多巴胺，帮助人们从身体或情感上的痛苦中恢复过来。许多健康的应对行为会触发多巴胺，帮助我们应对情绪波动和疼痛。然而，由于食用高脂肪或含糖食物会直接触发伏隔核中的多巴胺，一个意想不到的结果是，摄入食物可能成为一种自我治疗的形式。对于那些没有建立起健康的应对机制的人来说尤其如此。问题是，这类高脂高糖的食物越来越丰富，而人们面临的各种压力也越来越大，因此暴饮暴食的行为越来越严重。

  暴饮暴食很少与饥饿有关。暴饮暴食的人声称他们在暴饮暴食时并不感到饥饿，暴饮暴食更多的是用食物来麻醉不舒服的情绪。许多健康的人在压力大的时候会狂吃他们最喜欢的含糖或高脂肪的零食，但他们自己并没有意识到这一点。在我们的社会中，暴饮暴食已经成为一种可以接受的应对压力的方法。电视或电影中经常出现这样的场景：一个女人被甩了，她的朋友拿出一加仑①冰淇淋和几个勺子来安慰她。在高中进行的调查表明，大多数青少年独自一人时偶尔会暴饮暴食，但是和朋友在一起时则经常暴饮暴食。统计数据显示，美国有多达3000万人被诊断出患有饮食失调症（Hoek & van Hoeken, 2003; Hudson, Hiripi, Pope, & Kessler, 2007）。

  然而，更常见的是为了应对压力、焦虑和一系列情绪疾病而暴饮暴食。1994年出版的《精神疾病诊断与统计手册（DSM-4）》中，暴饮暴食并没有被认定为一种疾病。但是，哈佛大学的

---

① 加仑是体积单位，1加仑=3.785升。——译者注

研究人员力推将暴饮暴食症纳入研究范围，他们指出，暴饮暴食的发生率比贪食症和厌食症加起来还要高，而且它可能是肥胖症流行的一个重要因素。因此，美国精神病学协会（American Psychiatric Association）于2013年5月发布的《精神疾病诊断与统计手册（DSM-5）》将暴饮暴食列为一种明显的疾病。

即时满足的需要

另一个常常被忽视的导致肥胖突然增加的因素是技术进步。原始人类是狩猎兼采集者，为了生存他们必须从事各种体力劳动。数世纪以来，我们一直过着这样的生活，即每天都必须从事体力劳动。然而，技术的进步让我们不必再辛苦地劳作，我们更容易久坐不动，更重要的是，人类的大脑已经习惯于即时满足。汽车和飞机的发明以及不断进步，使我们可以更快地到达想去的地方。电视把世界带到了我们的家门口，而电脑、iPad和手机把世界带到了我们的指尖。青少年平均每天花4～6个小时在互联网上——然而，估计在每个网站的停留时间只有60秒。

即时满足的社会帮助创造了一个高度加工的"快餐"世界。长期以来，人们一直认为，延迟满足的能力是大脑健康的一个指标。然而，环境的改变确实会导致大脑的改变，即使是健康的大脑也会去适应环境。技术革命产生了副作用：立即能够获得各种形式的新闻和信息，降低了我们延迟满足的能力。社会的副作用是寻求即时的解决方案，以基于规范来解决问题。比如，加州大学旧金山分校的科学家在《细胞代谢》(*Cell Metabolism*)杂志上发表报告称,世界上有一小部分人可以吃东西而不会增重,因为他们的5-羟色胺水平一旦消耗后能更好地控制卡路里(Srinivasan et al., 2008)。科学家们并没有因此得出结论说除这些人之外的其他人都需要谨慎小心,他们的观点是,希望这项研究能够开发出一种新的药物,在不需要克制食欲的情况下治疗肥胖。如果你不相信我们的大脑会倾向于选择如此简单而快速的减肥方式,那么你如何解释一个价值10亿美元的市场,这个市场致力于快速又毫不费力地减肥,而不需要承受运动的痛苦?我们的认知告诉我们这样做是不现实的,然而我们对快速解决方案的渴望仍然激励着我们去购买它。

饮食习惯影响大脑功能

历史上有很多人研究大脑的学习能力与饮食习惯的关系。20世纪40年代的研究使得学校开始为买不起学校午餐的学生提供免费和折扣午餐项目(Hinrichs, 2010)。后来,根据美国国家卫生研究院(National Institute of Health)的一项研究,联邦政府发起了一项运动,明确了营养丰富的早餐对学生上午的学习能力的重要性(Levine, 2008)。这项运动的结果是,学校为贫困学生提供了免费和折扣早餐。然而,目前的研究已经表明,大脑能否表现出最佳的学习能力是基于我们吃什么(Gómez-Pinilla, 2008)。当前神经科学的研究表明,有些食物能促进认知,有些食物能阻碍认知，学校对这些科学研究的回应一直都是迟缓的。

建 议

当血糖稳定时，大脑运转得最好。每天吃早餐对稳定血糖水平至关重要。兰佩绍德（Rampersaud）和他的同事对 22 名吃早餐的学生进行了分析，发现他们的记忆力、考试成绩和出勤率都更好（Rampersaud, Pereira, Girard, Adams, & Metzl, 2005）。淀粉和富含纤维的食物，如全麦面包，会缓慢地提高血糖水平。韦斯内斯（Wesnes）和同事进行了一项研究，每隔一小时对 64 名学生进行测试，他们发现，随着血糖水平的下降，测试成绩每小时都在下降；然而，饮食富含纤维的学生，其成绩下降幅度较小（Ingwersen, Defeyter, Kennedy, Wesnes, & Scholey, 2007）。马库斯和菲尔克（Markus & Firk, 2009）的研究监测了 48 名易受压力影响的学生，发现含高碳水化合物的食物可以抑制高压力个体对数学任务的应激激素反应。德·安德拉卡（De Andraca）及其同事的研究发现，缺铁与语言缺陷之间存在相关性（Lozoff et al., 2003）。沃尔特曼（Wurtman）的研究发现，焦虑、抑郁、承受压力或疼痛的人会被甜食和高脂肪食物所吸引，因为它们能暂时改善情绪（Wurtman & Wurtman, 1989）。教育系统已经意识到食物的影响，然而学校提供的许多食物会导致血糖水平上升，使大脑昏昏欲睡。膳食营养不均衡会导致易焦虑和易受压力影响的学生学习能力下降。

大脑有许多类型的固有偏见。例如，消极的偏见有助于我们对任何变化都非常谨慎，因为变化可能伤害我们。我担心，如果当前的趋势持续下去，适应能力强的大脑将会很快产生偏见。我们不是去面对我们需要做出的改变，而是开心地吃喝玩乐，同时希望在为时已晚之前得到即时的治疗。我们已经把生命变成了世界上最大的博彩游戏——不改变自己的饮食方式和运动量，却想得到更多更好的生存机会，获胜的概率是 1∶256,000,000。

从历史上看，学校在关于食品的教学中扮演了积极的角色。农学、家政学和健康课程等提供了关于食物生长、食物准备和健康饮食习惯的指导。有关饮食习惯对身体和大脑的影响的课程很容易就可以纳入到学校的健康课程中。然而，由于预算削减和对这类课程的价值缺乏认识，学校里仍在摸索怎样进行有关食品的基础教育。餐厅里供应什么，看到同龄人吃了多少，甚至某种食物消费的速度都在影响着学生的饮食习惯。在我们的社会环境中，几乎没有什么东西像食品的生产和销售一样产生如此巨大的变化，其后果导致了医疗费用日益增长，达到了国家无力支付的程度。它还导致了这一代学生不仅面临着肥胖的风险，还面临着更高的吸毒成瘾和情绪紊乱的风险。越来越多的儿童和青少年已经转向高度加工的快餐饮食，并正在体验由此给身体、情感和认知方面带来的复杂影响。

学校必须发挥作用，让学生了解他们的大脑受到了怎样的影响，并让他们具备作出更好决定的能力。在社会研究课程中可以告诉学生那些快餐连锁店、媒体和食品生产商所采用的促销策略——试图让大众习惯于摄入越来越多的卡路里，一看到食物有优惠就会产生一种超出自己身体需求的进食欲望。与此类似,每一项有关健康的研究结果都会很快被大型食品公司用来作为一种营销策略来欺骗大众。研究人员称饱和脂肪对人体有害,因此食品包装上非常醒目地标注"低饱和脂肪",希望你不会注意到它含有大量糖、钠,以及各种防腐剂。广告公司知道人们现在习惯于即时满足,这些公司相信我们不会去接受健康饮食的教育,也不会采取措施让自己不再被愚弄。

在21世纪的健康教育中,体育课应发挥更重要的作用。除了饮食,体育课还应该帮助学生认识到人体是为运动而设计的。我们现在的生活方式是,很多学生坐着轿车去上学,在学校里坐着,坐着轿车回家,然后坐在电脑或电视屏幕前。我们应该记住一个简单的道理:如果每天没有进行至少30分钟的锻炼,就会让自己的身体和大脑退步。

肥胖是生物学、行为、文化、环境和经济等因素之间进行复杂相互作用的结果。当谈到复杂的社会问题时,人们常说的一句口头禅是:"我们从哪里开始?"就肥胖症的流行而言,答案就是从小学开始。有些小学已经开始让孩子们接触更多的水果和蔬菜,这样就使味觉得到了扩展,更多的孩子在家里也想吃这些食物。简单的做法可以产生重大的影响,这些做法是值得采取的,因为它们保护了未来的大脑。

看不见的风险正在改变学生的大脑,并导致成瘾行为和情绪问题的增加。学校往往根据社会问题来调整课程,因此,大多数公立学校会提供关于性、酒精和药物滥用的教育。学校也会面临各种关于偏见和歧视的问题,因此,学校通过讲座、专题小组和咨询来迎面解决这些问题，那么，学校怎么能对饮食这样的问题视而不见？毕竟这个问题影响着每个学生，无论其种族、文化和社会经济地位如何。根据健康指标和评估研究所（Institute for Health Metrics and Evaluation, 2013）的统计数据显示，不良饮食习惯对身体、情感和认知健康的经济影响将超过吸烟、酗酒和药物滥用的综合影响。现在是时候亮起红灯，让学生认识到这种看不见的风险，让他们意识到这种新的严重威胁。

第 13 章　男性与女性的大脑

教育工作者要想更好地理解学生的社交行为,可能没有比深入了解男性和女性大脑更基本的方法了。这是一个及时的话题,因为许多教育专家都在提倡将男孩和女孩分开,以便针对他们各自不同的大脑功能更好地设计教学。当然,重要的是首先要知道男性和女性大脑的区别,然后才能从中得出结论。

雌激素的作用

在出生八周之前,每个大脑都是女性的。雌激素或睾酮的激增分别使女性大脑和男性大脑得以发育。雌激素的激增使大脑得以对称发育,这一点很重要,因为语言的发展需要整个大脑协调一致。此外，女性的胼胝体更大，这使得左右脑之间的交流更有效。女性大脑不仅是从左脑到右脑的信息传递效率更高，而且还拥有特定的谷氨酸受体，使得神经元之间的交流更快。这些谷氨酸受体存在于大脑中负责学习、增强注意力和记忆力，以及注意细节的区域（Boulware et al., 2005）。在传统的课堂上，通常要求学生口头表达信息、记忆和背诵，而在这些方面女孩具有明显的优势。

此外，雌激素会影响社交行为。女性能够更好地解读非语言线索，因为她们天生就具备了更好的眼神交流、注视面部表情和解读他人感受的能力。女性的眶额皮层到杏仁核的神经连接也明显更大。

通过使大脑中负责思考的脑区与大脑的情感中心联系更紧密，女性能够更好地处理自己的情感，而不会变得冲动。尽管女性看起来更优柔寡断，但实际上她们考虑更全面，会处理来自各方面的问题。女性的高级沟通交流技能可以通过一种叫作"催产素"的激素得到增强。催产素可以促进社会联系，能够使人们建立信任，并帮助人们调节压力。女性在与亲密朋友交谈时，会释放催产素。这就是为什么她们可以在电话里聊上几个小时——她们得到了化学物质的回报。这些大脑结构和化学反应上的差异使女孩更早地完成社会化过程，更能表现出同理心，更容易把问题说出来。

睾酮的作用

睾酮会导致参与交流、观察和情绪控制的细胞萎缩。睾酮还会导致大脑发育不对称，使左半球更加活跃。大脑左半球对信息的处理是逻辑的、线性的、视觉化的。男性的大脑结构更善于进行三维视觉处理，这增强了与数学和科学技能发展相关的空间推理能力。此外，男性能够长期专注于一个问题或挑战。男性专注于一件事的能力，再加上他们拥有更大的杏仁核，因而创造了一个专注于竞争的男性大脑：这就是为什么男孩可以玩几个小时的电子游戏，试图打破他们朋友的高分。在加工语言信息时，大脑右半球比左半球有更强的自动化的具身认知体验。因此，男孩在加工语言信息时需要更积极的指导，以便更好地整合信息，弥补较低的具身认知体验。

睾酮和雌激素一样，会影响社交行为。它会降低解读非语言线索、感受同理心和沟通的能力。有几项研究表明，子宫中睾酮水平在 12 到 18 周之间越高，关注非语言线索、联系和适当的社交互动的能力就越低。例如，巴伦·科恩（Baron Cohen）及其同事对 38 名儿童（24 名男孩，14 名女孩）进行了研究，发现在怀孕的前三个月羊水中胎儿睾酮水平越高，到四岁时儿童的社会性发展就越差。此外，胎儿期睾酮水平极高的儿童在四岁时的随访观察中始终表现出缺乏同理心（Chapman et al., 2006）。另一项类似的研究发现，在子宫内 12 至 18 周时睾酮水平最高的儿童，在婴儿期倾向于关注物体，而不是看护者的脸庞（Lutchmaya, Baron-Cohen, & Raggatt, 2002）。倾向于关注物体而非人脸，这一特点与儿童四岁时社交技能较差相关。除了睾酮水平更高，男孩的杏仁核比女孩更大，这是男孩攻击性和性冲动增强的原因。在情绪波动时，女孩的大脑皮层的参与程度更高，而男孩的大脑皮层参与程度更低，这意味着男孩的情绪反应表现在积极行动上，而不是用语言来表达。

建 议

从我们现在对男性和女性大脑的认识和了解中，教育界应该得出什么结论？第一，教育应该寻求更多的互动性。事实证明，不论男孩还是女孩，通过多感官教学都能够学得更快。基于大脑的教学策略已被证实是有效的方法，有助于改善女孩的空间推理和线性逻辑，并让她们越来越被数学和科学的魅力所吸引。同样的多感官教学策略可以提高男孩的语言理解能力和记忆力，并让男孩更喜爱文学和艺术。事实上，我们的教育应该改变教学方法和策略，无论学生的性别是什么，也无论他们是否有认知缺陷，我们都要帮助所有学生克服困难，取得成功。

● 例如，在男孩的语言课上，在女孩的数学课上，增加动手操作的练习。

第二，学校的纪律需要展示出成人希望学生做什么，而不是只做口头指示。女孩善于通过观察来学习，而男孩则需要学习这一点。此外，女性的声音比男性的声音在人类大脑中能引起更高水平的化学活动。这意味着教师不停地谈论某些事件可能会促使更具风险的学生做出冲动的行为。通过采用一个能够展示所期望行为的纪律范本，可以避免一些事件的发生，并使所期望的行为习惯更快地被学生内化。

● 例如，让男孩用角色扮演的替代方法来处理冲突，而不是陷入肢体冲突。要让男孩去练习该做什么，而不是仅仅告知他们该做什么，这样才有助于男孩的大脑按照成人的期望正确行事。

目前，将男女生分开教育的运动主要是由一些提供基于性别的教育项目的教育机构推动的。这些机构在操纵新的研究以支持男女生分开教育方面有着既得利益。值得注意的是，一些男性有着与女性大脑相关的大脑结构，而一些女性有着与男性大脑相关的大脑结构（Baron-Cohen, Knickmeyer, & Belmonte, 2005）。比林顿及其同事（Billington et al., 2007）的研究发现，拥有与女性大脑结构相似的男性表现出更高水平的同理心、直觉和沟通能力，另一方面，一些拥有与男性大脑结构相似的女性表现出更高的空间推理能力、更低的同理心和更糟糕的沟通能力。这意味着，根据学生的性别进行区分并不能保证教学模式是适宜的。人类的大脑通过将新知识与已经习得的、接触过的知识联系起来进行学习。我们希望建立更好的男性和女性的社会关系，就需要让他们尽早且不断地接触对方。男性和女性大脑在学业成绩上与行为上的许多差异，可以通过高质量的教学和良好的纪律来解决。将男生和女生分离、一方排斥另一方，这类模式在让男女生重新整合时已经证明是有问题的。

第 14 章　偏见的微妙影响

由于人脑的功能使然,我们都会有偏见。隐性偏见和显性偏见一样强烈地影响着我们的行为和态度。从某些方面来说,隐性偏见更为隐蔽,难以防范,其影响往往与显性偏见相同。正确的认识是减轻偏见影响的关键。

隐性偏见

随着时间的推移,大多数教师对每个学生都有了更多的了解。教师知道学生是如何学习的,以及他们学习上的优势和不足。如果教师与学生建立起良好的关系,或者仅仅是教师善于观察,就能了解学生的许多信息,比如背景、好恶、社交能力,甚至是过去的创伤事件。因此，教师必须了解偏见是如何在人类大脑中起作用的，以及它如何影响潜意识甚至无意识的行为。事实上，教师几乎不可能不对学生提出明确的意见，因为教师职业的本质就是评估学生的表现。神经科学方面的最新发现可以帮助教师防范偏见的负面影响，甚至可以使教师学习如何发展一些积极的偏见，从而提高学生的表现。

一些复杂的评估方法已经证实，对于社会群体，人们无意中持有令人震惊的各种刻板印象和态度：黑人和白人、女性和男性、老年人和年轻人、同性恋者和异性恋者、胖子和瘦子。尽管我们将这些隐性偏见深藏于心，但这些偏见也会随着我们的群体成员和日常环境的不同而不断变化（Carpenter, 2008）。

显性偏见很自然地使我们把注意力放在极端分子的无耻行径上，并使许多人坚持认为，隐性偏见是次要的。然而，数百项关于隐性偏见的研究表明，它的影响可能同样阴险可怕，因为它更普遍，而且不被察觉。在过去，人们认为隐性偏见不会影响人类行为，然而，俄亥俄州立大学的法齐奥（Russell H.Fazio）说，研究数据是无可争辩的，隐性偏见的确影响了我们的日常行为（Fazio, 2014）。

隐性偏见是在正常的学习过程中产生的。人类的大脑在已有知识的基础上获得新的理解，并将新信息与旧信息联系起来，再将相关数据归类，因此，学习过程中自然而然地产生了联系。更重要的是，自然地建立联系的能力是原始大脑的基本功能，这一功能使人类得以在自然界生存下来。我们的基本生存要求我们能够将可怕的事物与危险联系起来。认知大脑中建立的联系和原始大脑中建立的联系，二者之间有着明显的区别。认知大脑中建立的联系意味着对信息的控制、有意识的觉察和有意的行为。

在原始大脑中建立的联系则表明对信息有较低的控制水平、某种程度的觉察和无意的行为。在原始大脑中起关键作用的是杏仁核，当杏仁核被唤醒时，它会分泌化学物质，从而切断来自大脑皮层的干扰。这是一个必要的特征，因为杏仁核负责我们的生存，当我们受到威胁时，杏仁核不想通过大脑皮层更慢也更深思熟虑的过程来牺牲我们的反应时间。这一特征的负面结果是，杏仁核的判断影响我们的行为，而我们无法深思熟虑地控制自身的反应。杏仁核控制我们的非语言行为来表达情感，明显地反映出我们的隐性偏见。非语言行为包括面部表情、手部动作、身体姿势和语调。此外，由于杏仁核是一个反应系统，它很可能产生任何程度的情绪化行为。因此，即使是深藏的隐性偏见也会引发一系列的行为。为了理解这个世界，人类的大脑将信息分组，对某些信息的检索常常会导致无意的联想。没有这些最基本的能力，我们就无法了解和掌控周围的世界。这是一个如此自然的过程，因此，研究得出的结论是，我们都有隐性偏见。

因此，在我们原始大脑的意识理解之外存在一些联系。当我们形成与我们的意图、信仰和价值观相矛盾的联想时，问题就出现了。例如，美国的许多少数族裔认为种族形象定性是错误的，然而，在"9·11"事件之后，当这当中的许多人乘飞机旅行看到一个阿拉伯人时，他们的大脑自动地将这个人与恐怖分子联系在一起。这类偏见是可以理解的。成千上万的美国人曾花了数天的时间观看了那个让人愤慨的电视新闻，在大脑中很自然地将这种残酷的恐怖主义行为与一群人联系在一起。因为这是一种充满情感的体验，所以它被储存在我们的杏仁核中。杏仁核也是原始大脑中负责情绪记忆的部分。因此，尽管这些少数族裔中的许多人其价值观强烈反对任何形式的评判和贴标签，但他们的情感大脑已经形成了一种偏见，与他们的认知价值观和信仰背道而驰。

偏见的早期形成

我们的大多数隐性偏见或者是在我们能够抵御它们之前形成的，或者是由我们周围环境中无法避免的模式造成的。偏见是由我们在早期发展过程中所经历的诸多小事造成的——人们讲的关于某些人的故事、评论，甚至笑话。还有些偏见是信息饱和的产物，而信息饱和是当今即时媒体的产物。一旦一个故事形成，这个故事会出现在电视、广播、互联网和报纸上，那么人们就不可能不知道。一旦故事情节呈现出一种持续的模式，并且在一段较长的时间内反复出现，就很难不产生隐性偏见。此外，一个人所处的环境往往会产生隐性偏见。人们工作的细微差别会随着时间的推移开始影响个人，工作场所往往会产生一些更强烈的隐性偏见。

环境产生偏见

学校环境可能在无意中助长了偏见。任何一个群体在学校里的表现与其他群体不均衡都会助长偏见。例如，如果亚裔学生只占学生总数的11%，但却占荣誉课程项目①的45%，那么随着时间的推移，人们的大脑就会开始把亚裔学生与荣誉课程项目联系起来。然而，负面关联的危害要大得多。例如，如果黑人学生占学生总数的18%，而其中接受特殊教育的学生占66%，那么大脑就会开始将黑人学生与特殊需求学生联系起来。

与此相关的问题是，隐性偏见真的会影响人类行为吗？答案是肯定的。一些研究表明，内隐联想可能特别容易受到生活环境的影响，因为生活环境需要杏仁核作出反射行为和快速判断。比如，在大量研究中，要求白人和黑人被试者迅速判断一个人手里是拿着武器还是无害的物体，结果一致发现，如果黑人拿着一个无害的物体，如手机或手持工具，那么黑人和白人往往都会将此误判为一把枪。这些被试者作出的反射行为或快速判断是可以理解的，因为当今我们所生活的这个社会，黑人男性犯罪率和暴力行为在不断上升。在学校里，黑人学生被罚停课的比例远远高于大多数其他学生。黑人和白人学生都认为，学校工作人员总是假定黑人学生参与了他周围发生的任何事件，而且，无论工作人员的种族如何，他们的这种判断是一致的。

---

① 荣誉课程项目，是美国特有的区别于标准课程的一种课程形式，课程难度更深，学习节奏更快。在申请大学的时候，选修了荣誉课程的学生更易于申请到排名靠前的美国大学。——译者注

建 议

怎样做才能消除学校的偏见？可以参考以下建议：

1. 没有差班级，没有差学校。避免让成人和学生建立类似的联系。没有什么比将一个学生和一个差班联系起来，或将一个老师与差学校联系起来更有害的了。如有可能，各学区应采取积极措施，避免把表现欠佳的学生集中在一个学校里。同样地，学校应该避免为表现不佳的学生单独开设课程，以防止我们的大脑将教室里的某些人与学业失败之间建立简单的联系。

2. 从表现不佳的学生群体中，找出在任何一门学科领域具有潜力的学生，以便他们将来能被"天才项目"（gifted programs）录取。一旦确定了有潜力的学生，积极地帮助他们准备，鼓励他们参加高级班和天才项目。对表现不佳的学生群体而言，天才项目和高级班在人口统计学上的简单变化将有助于他们形成一个积极的偏见。对学校而言，也应该考虑在天才项目的入选测试中增加其他的筛选工具，而不是仅仅基于传统的指标，比如可以增加"通用非语言智力测试"(DeThorne & Schaefer, 2004)。如果全校学生都参加荣誉课程和天才项目，可以消除人们长期以来对什么样的人能在学业上出类拔萃的看法。如果某个学生只在一个学科领域出类拔萃，那就让他或她在那个领域发挥最大的潜力。神经科学已经证明，大脑倾向于通过将一个区域的功能最大化来弥补另一个区域的功能不足。科学也证明了，最大程度地将大脑所有区域发挥作用，可以减少许多缺陷的影响。因此，教师应该努力发现每个学生的天赋能力，即使是那些有认知缺陷的学生。

3. 教师应积极动员学生参与课外活动。众所周知，参加体育运动、加入乐队或参加学校俱乐部的学生在学业和社交方面都会表现得更好。其中的许多原因与大脑发育有关，这在本书的前面已经讨论过。参与课外活动除了对大脑有诸多益处之外，还能减少教师对学生以及学生对学校的许多负面偏见。

4. 教师要创建良好的氛围，以利于学生改变。来自恶劣环境的学生，长期生活在压力和暴力中，他们在适应学校生活时遇到的问题最大。当他们进入那些精心组织、严格监督主要日常活动的学校时，他们的行为将与其他学生的行为保持一致，从而防止形成产生偏见的模式。

5. 教师要对学校环境中任何比例相差悬殊的模式保持警惕。例如，现在的教师已经习惯于不断地检查学生的考试成绩。如果有一组学生与同龄人相比一直表现不佳，教师就很难不产生偏见。一旦认识到偏见的风险，教师就可以采取措施防止偏见影响自己的态度和行为。

作为人类，我们可能无法阻止偏见的形成，但我们可以努力阻止偏见被制度化。负面偏见深刻地影响着人们的看法——阻碍我们看到许多学生的不平凡之处。更可悲的是，偏见会影响学生的表现，最终影响他们对自我的认知。

第 15 章　设计替代行为

人类大脑通过多巴胺来奖赏某个持续的行为,正是这种奖赏激励我们一遍又一遍地去做平凡但重要的事情。学会设计能让大脑加强实践的行为干预,这是有效干预的关键。

成绩不好的学生经常患有"奖赏缺失综合征"

这本书不断地向读者展示了如何把抽象的概念转化为具体的行动。教学是分层设计的,旨在提高学生对高阶概念的记忆和理解,并促进高水平思维。想要恢复学习动机和行为欲望必须将关于成功的概念转化为具体的行动。本章解释了为什么行动是不断改善人类大脑结构和功能的关键。人类天生就有一种完善自我的方法，既不含糊，也不难获得。大脑可以通过积极的行动来获得改善。

伏隔核中的多巴胺在成瘾过程中起着关键作用，这一点现在已被广泛接受。然而，尚不太为人所知的是，当我们从身体的或情感的痛苦中恢复时，多巴胺会作出反应。患有奖赏缺乏综合征的人，他们的大脑不会分泌正常水平的多巴胺，也不会对正常行为作出反应。大脑对多巴胺的增强有一种天然的渴望，多巴胺需要定期释放才能维持健康的大脑功能。当对多巴胺的无意识需求不能通过健康的行为得到满足时，问题就出现了。没有获得有规律的多巴胺强化的个体，当他们处于从身体或情感痛苦中恢复时，他们就很可能再度渴求同样的多巴胺反应。由于缺乏触发多巴胺的健康方式，他们无意识地将自己置于可能导致身体或情感痛苦的高风险情境中。因此，一个人可能会做出他并不想做的行为，因为他无意识地渴望一种化学反应。这听起来很像成瘾，事实上它就是成瘾。

奖赏缺乏综合征患者与大多数人有什么区别？在正常家庭中长大的大多数人从小就被教导、被期望和被强化，每天要做这些日常活动：按时起床，准备去上学或工作，养成好的饮食习惯，按时睡觉，完成家庭作业，做家务，不在外面过夜。一旦一个健康的人开始持续地完成这些活动，随着时间的推移，大脑会用多巴胺强化这些活动。大多数人因为获得了多巴胺强化，所以都会完成这些日常行为。一旦多巴胺反应是持续的，就不再需要外在的动机。例如，许多孩子都被训练早晨起床后要整理自己的床，等他们成年后，大多数人仍保持这种行为。许多成年人经常告诉自己，这种做法是"愚蠢的"，因为除了他们自己，没有人会看他们的床，实际上这是在浪费时间和精力。然而，第二天早上他们醒来后又会整理床。这是一个明确的信号，表明该行为正在接受多巴胺强化。

干预需要多巴胺强化

异常的多巴胺反应模式使持续参与健康行为的能力变得复杂。大多数学校教给学生的替代行为通常不会触发多巴胺强化（例如，生气时从 1 数到 10）。抑郁在化学反应层面的解释是指生活事件导致大脑自然分泌模式发生巨大变化。这就是为什么大多数危机情况都会导致一定程度的抑郁。想想那些缺乏健康的多巴胺反应模式的学生，他们会做出一些危险的行为，比如发脾气的时候会踢成年人。由于踢人这种行为是对愤怒的反应，因此，多巴胺被激活以帮助他们从痛苦中恢复。学生们则被教导在生气的时候从 1 数到 10，以此作为踢人的替代行为。

事实上，替代行为有两个意想不到的化学结果。第一，它降低了学生参与危险行为时持续获得的多巴胺反应。尽管踢人不是一种正常合理的行为，但缺乏多巴胺的孩子从暴力事件中恢复过来时，就会获得多巴胺。

第二，在任何一段时间内想要戒除负面行为都会导致抑郁，因为它会使大脑的多巴胺水平突然发生变化。事实上，这个会踢人的学生已经学会了一种自我治疗的方法。一旦这个学生试图不去踢人,那就没有多巴胺反应。换句话说,当学生表面上在做老师期待他所做的事情时,他的内心却感觉更糟。这也许可以解释为什么老师们经常报告说,当有行为问题的学生在一段时间内克制自己不去做习惯性的负面行为时,他们看起来很紧张,好像随时要爆发。这一观察是有道理的,因为当学生不参与习惯性的负面行为时,他们大脑中化学水平的不稳定性会不断上升。

那么,对于那些有严重行为问题、需要个别化干预的学生来说,是否没有希望了?答案是有,但我们的做法必须是规范的。行为改变背后的科学已经明确,替代行为不能仅仅只是让学生做一些用来代替负面行为的事情。

消极偏见与惩戒

早期的惩戒规则深受消极偏见的影响。研究表明,我们的大脑被设计成更重视消极事件而不是积极事件。性格恶劣、害羞和焦虑气质的人,或者有其他情绪障碍的人,往往更容易产生较高程度的消极偏见。应该注意的是,具有上述任何一种特点的人将更加抗拒改变,因为他们很可能消极地看待任何改变。成人对儿童教养和惩戒的消极偏见,导致他们更关注负面行为,并以惩罚性行为作为回应。换句话说,对消极行为的反应是另一种消极行为。当学校采用这种方法时,对大多数学生来说看起来是有效的,但是,对于那些长期行为不端的学生来说,这是无效的。这就导致了一个无法摆脱的困境——那些长期行为不端的学生犯错越多，惩罚就越频繁；惩罚越频繁，他们犯错的可能性就越大。

关注消极行为和惩罚性反应对于减少长期的不良行为没有作用，这是有原因的。在错误的行为发生时，仅仅是指出来并加以惩罚并不能教会学生应该做什么，什么是正确的行为。此外，更强调惩罚会引发大家对这个学生的不信任。当一个常常违反社会规范的学生被置于一个严苛的环境中时，他会经历带敌意的归因偏见。敌意归因偏见的一个特征是暂时性的偏执，带着这种偏执，一个人甚至会把善意的行为误解为攻击性行为。当遭遇敌意归因偏见，学生会变得冲动，甚至暴力。这就是为什么学校实施"严厉"措施后，经常发现大多数学生的负面行为减少了，但他们最希望控制的那些学生的负面行为却在增多。

咨询的缺憾

从表面上看，学校训导与管理的发展趋势似乎更好了，但结果却和惩罚性方法一样，好坏参半。那些不相信惩罚会奏效的人，他们试图为学生提供咨询，希望通过帮助学生更好地理解他们为什么会犯错，使学生学会如何更好地控制自己的行为。这种方法的问题在于，经常违反规则的学生往往在马基雅维利指数（Machiavellian Index）测试中得分较高（Malterer, Lilienfeld, Neuman, & Newman, 2009）。马基雅维利指数衡量的是一个人为了避免后果而操纵他人的倾向。当这些学生与权威人士互动时，他们的背外侧前额皮质（负责评估惩罚、威胁的区域）会被激活。当这些学生违反社会规范和制度规则时,背外侧前额皮质的持续活动有助于他们更熟练地操纵他人并逃避后果(Spitzer, Fischbacher, Herrnberger, Grön, & Fehr, 2007)。对于这类学生,咨询方法经常会被操纵。学生清楚地知道权威人士想要听到什么,并熟练地假装真诚。不过,对于问题不那么严重的学生,咨询是有效的。因此,那些支持采用咨询途径的人倾向于关注有效咨询的次数。

确认偏误

值得注意的是,大脑会把注意力集中在那些支持现有观点和价值观的事件上,这就是所谓的确认偏误。研究清楚地证明,个体会无意中错过挑战现有观点的事件,但另一方面,确认偏误也确保环境中支持现有观点的事件不会被遗漏。例如,如果教师认为某个学生容易出现不良行为,那么教师更有可能注意到这个学生的大多数违规行为。相反,如果教师认为某个学生是模范学生,那么教师就可能不太注意这个学生的违规行为。因此,现有的观点不断得到验证,甚至变得根深蒂固。教职员工现有的偏见往往会影响学校纪律规定的实施,这会导致计划有缺陷和前后不一致。此外,偏见还会影响每个教职员工准确监控学生行为的能力。

当前全美范围内普遍支持的学校纪律管理模式是教学生采用替代行为,并在示范时予以强化。教授替代行为并强化替代行为，这样的趋势表面上看起来与当前的大脑研究相一致，然而，仔细观察就会发现，大脑研究的一些关键方面被忽视了。因此，这种方法正在经历与过去失败的那种纪律管理模式类似的结果。如何实施替代行为的一个难点在于如何教授替代行为。一个学生做了一个负面行为，然后老师告诉他未来面对类似情况时应该做的一个替代行为。然而，当学习到的东西不具备情感价值时，它就储存在大脑皮层中。当一个人情绪激动时，杏仁核会释放出一种化学物质，这种化学物质会减缓甚至切断大脑皮层中的信息传递。因此，在学生情绪激动的这段时间，他无法接触到所学的替代行为。

基于神经科学的替代行为方法

根据最新的大脑研究，推荐的方法是教授替代行为，并让学生在平静的时候有规律地进行练习。要求学生只在他们情绪激动时才采用替代行为，这不仅不公平，而且也不合理，毕竟学生从来没有在他可能成功的时候，即最冷静的时候，练习替代行为。另外，在情绪激动的时候，替代行为是无法接触到的，因为它存在于大脑中危机期间不可接近的部分。杏仁核必须重视替代行为，才能被多巴胺强化。因此，要想成功实施替代行为，必须满足研究中所发现的两大因素——提升情感价值和促进化学物质强化。

下面的例子简要回顾了教师如何确立一个替代行为，该替代行为符合神经科学所明确的所有步骤,有助于触发多巴胺。

雷迪克(Reddick)女士所教的九年级的班里,有几个学生在学校里遇到小问题时很容易情绪失控。因此,雷迪克女士介绍了一个解决问题的方法,并告诉学生,当他们遇到问题时,不管是学习上的还是个人的,都可以使用这种方法。她每周精心设置学习上的和现实生活中的各种场景,让学生们不断练习解决问题的过程。老师不断告诉学生,使用这个方法会使他们在生活中更成功,从而将解决问题的方法与杏仁核在意的价值观联系在一起。而且,她还用食指指着自己的头,以此来提示学生使用正确的解决问题的方法。她选择这个手势是因为人们常用它来提醒别人思考,但在这种情境中,它也被用来激发行动的动机。有时,当全班或某个学生成功地使用了解决问题的方法时,雷迪克女士会奖励全班或这个学生,通过奖励来促进多巴胺的分泌。整个学年中,当学生遇到问题时,雷迪克女士都会指着自己的头,提醒他们要把问题想清楚,而不是冲动行事。

在这个例子中,为了设计一个替代行为并使其得到大脑的强化,所有需要满足的相关元素雷迪克女士都考虑到了:她创造性地做了一个动作,使这个动作与杏仁核所看重的东西相关联,用手势触发所需要的行为,确定时间来不断练习这个过程,当学生成功做到时予以奖励。

这种方法的最难之处在于,教育者已习惯于关注学生的消极行为,也没有受过训练来设计相应的替代行为,而且这种替代行为需要在学生平静时不断练习。我们早就知道，恢复不是线性的，改变需要时间。比如，心理弹性研究表明，增加特定的保护性因素可以减少问题出现，即使二者没有直接的相关性。在这种情况下，保护性因素是指能够帮助学生克服问题的技能，这些技能已经在心理弹性研究中得到确认。这看起来与大多数教育工作者的直觉相悖。如果问题是有一个学生表现出愤怒，老师们认为，学生在此时要采取的替代行为必须是愤怒管理策略。然而，研究并不支持这一观点。新的方法让教育者将保护性因素嵌入到日常的课堂教学中，让学生有更多的机会来掌握这项技能，并通过大脑来强化它。关键是要设计出保护性因素的形式，以使大脑能够加强练习。

下面是设计替代行为的一种简化方法，通过行动来减少问题的出现。我们的目标是，设计替代行为，使之成为触发多巴胺反应的行为。

设计替代行为

研究已经确定了五个关键要素，这些要素可以使替代行为成为一种长期的内在习惯。

设计成动作的形式

第一个要素是设计替代行为——按顺序完成的某个动作。按顺序完成的动作将有助于学习过程。海马作为学习开始的地方，它会被遵循一致顺序的重复动作所吸引。士兵和运动员的训练就是一个很好的例子。他们遵循一种规定的训练模式，在这种模式下，他们一遍又一遍地以相同的顺序重复一个过程，希望自己在被动的情况下也能完成这个动作。另一个好处是，连续的动作对海马很重要，同时也提高了该动作在杏仁核中被保留的可能性。

与杏仁核的需要保持一致

替代行为的第二个要素是杏仁核必须重视该替代行为。有观点认为，杏仁核看中三点：安全、被需要和成功。如果一个替代行为始终与其中的一点保持一致，那么就增加了该行为被保留在杏仁核中的可能性。这一点很重要，因为当个体情绪激动，需要展现替代行为时，这个替代行为应该是无需思考即可做出的。这是因为人在情绪激动的时候，是杏仁核而不是大脑皮层在起作用。应当注意的是，在针对长期违规犯错的人设计替代行为时，最好将行为与成功的需要结合起来。

利用提示

第三个要素是利用一个提示来触发行为。提示可以是一个视觉符号或手势。一旦一个替代行为得到奖励，对该行为的预期就会发生在伏隔核中。当一个符号与一个被奖励的行为相关联时，它就可以触发内侧前额叶皮层中另一种形式的多巴胺强化。

这就是为什么我们看到一些我们想要的东西就会激发我们的动机（Peterson, 2005）。

此外，视觉符号或手势的重要性源于语言形成之前就存在的原始交流模式。杏仁核天生就专注于视觉符号和手势，因为视觉符号和手势曾经是人类主要的交流方式。即使我们现在主要通过语言进行交流，但这个原始系统仍然在起作用。很多时候，视觉和手势的影响是在潜意识或无意识中产生的。观察那些试图表达重要内容的人，他们的手会自然地做出手势，以支持他们所说的。用视觉符号或手势来触发行为的重要性已经被证实，这是一种与容易激动的学生交流的策略。当学生情绪激动时，语言往往会增加其体内化学物质水平的不稳定性。这就解释了为什么对患有严重自闭症的学生来说，用视觉符号或手势来触发学习行为是最有效的策略之一。严重自闭症患者的特征之一是大脑内化学物质水平的不稳定性，这种不稳定性会产生持续的刺激，语言往往会提升刺激的程度，而符号和手势则会自然而然地被杏仁核所关注，而且随着时间的推移，它们会令人安心。

不断练习

第四个要素是必须不断地练习替代行为。这就解释了为什么那么多精心设计的干预措施都失败了。一种新行为成为一种习惯所需要的时间长短与学生的情绪健康水平成正比。因此，学生的问题越明显，在达到多巴胺强化之前，练习的时间就越长。教师潜意识中时间长短的变化应根据大多数学生的行为来确定。一旦大多数学生掌握了某样东西,教师自然会认为花的时间已经足够了。此时的趋势是寻找一种新的替代行为。

教师的这种安排是基于大脑的学习方式。正如前一章所讨论的,偏见是由环境中总是联系在一起的两件事发展而来的。一旦这种联系建立起来,只要识别出其中一个元素,大脑马上就会关联到另一个元素。比如,如果黑人学生只占学生总数的10%,却占被罚停课人数的50%,那么教师最终会把黑人学生与导致停课的不当行为联系起来。随着时间的推移,此类偏见会逐渐地发展起来,而与个人的价值观无关。教师会根据大多数学生理解材料的时间来决定每天的学习速度,因而同样的偏见影响行为干预是合乎逻辑的。多年来,通过对学生的不断观察,教师对学生做出改变需要多长时间也持有同样的偏见。即使教师知道每个学生都不一样,这种偏见还是会发生。如果目前的行为干预没有很快取得成功,那么教师就必须克服不断尝试新的行为干预措施的冲动。

在高风险学生中,有一个一致的发现是,他们适应得很慢。学校投入大量的时间为这些人设计行为干预措施,然而很快就放弃了。教师们潜意识里希望这些学生做出改变所需要的时间和大多数学生做出改变所需的时间一样。结果就是学校要求最难适应变化的学生做出最大的改变。之所以要求他们做出最大的改变,是因为每次旧的行动计划不能立即奏效时,都要求他们遵守新的计划。

奖 赏

第五个要素是奖赏。这一要素被误解得如此之深,执行得如此之差，以至于许多教育工作者自动地拒绝了它。不在正常范围内分泌多巴胺的学生通常需要具身认知体验来帮助激活大脑的奖赏反应系统。然而，在这种情况下，奖赏必须符合研究中的定义。有一些外在奖赏形式确实可以帮助触发多巴胺。

一种能帮助触发多巴胺的外在奖赏形式是群体所重视的强化物。这种强化的例子在体育领域很容易找到。许多橄榄球队会在球员头盔的背面贴上标签，以表示他们取得了重要的成绩，比如传球、触地得分和拦截传球等，团队中的每一位球员都知道这些符号的重要性以及它们是多么难得，因而这些标签成为运动员的动力。这些标签没有金钱价值，团队之外很少有人理解它们的重要性，但对于团队成员来说，这是一个重要的奖励。人类的大脑被设计成如此——对任何被群体成员青睐的物体赋予情感价值。这就是为什么古代部落往往有一个权力的象征，这个象征掌握在部落首领的手里。这也解释了街头帮派如何能让人为了某个颜色而去拼命。许多公司都把奖杯放在业绩最好的员工的办公室里，受过教育的成人也都觊觎这一象征。这并不是因为这个物体本身的价值，而是它对于群体的重要性。

另一种由多巴胺强化的外在奖赏形式是给予者所看重的任何东西。需要注意的是，它的价值并不一定要由接受者来评估。对非语言线索的研究表明，当一个人诚心诚意地给予他人一个实实在在的认可标志时，这比送一份奢侈的礼物更能激励对方。支持这一观点的科学根源在于大脑是如何解释非语言信号的。给予者的每一种感觉都潜意识和无意识地表现在他的面部表情、姿势、手部动作和语调上。杏仁核天生就能监控非语言线索和表达情感意义。正是这些非语言的信号传达了所给予的东西的重要性。在这种情况下,重要的不是你给予了什么,而是你如何给予。这就解释了为什么父母珍惜他们的孩子花时间制作的礼物,以及为什么已婚人士喜欢来自配偶的、代表着对方的体贴和关心的礼物。另一方面,这也解释了为什么收到一份奢侈的礼物时反而会感到失望,因为配偶太忙了,只是让自己的行政助理挑选了这份奢侈却未必贴心的礼物。

最近对电子游戏的研究揭示了一种新的奖赏模式。电子游戏有一种设计,通过为玩家在玩游戏时的每一个积极行为提供即时的、积极的感官强化,来激励他们克服反复的失败,这将提高他们未来玩游戏的成功率。汤姆·查特菲尔德(Tom Chatfield,2010)的研究表明,许多电子游戏都包含了大脑如何通过多巴胺奖励行为的信息。电子游戏背后的科学已经发展出了一个数学模型,可以通过在每个游戏中加入特定的元素来预测多巴胺强化。触发多巴胺的因素是设置各种任务,这些任务需要在难度和轻松程度之间取得平衡,要将长期目标分解成一系列短期目标,努力的程度不断提高,还要奖励成功的行动,并在任务变得更难时提供意想不到的奖励和新的挑战(Chatfield, 2010)。

所有的这些外在奖赏形式都需要用惊喜或期盼的情绪元素来帮助触发所需的多巴胺反应。随机的强化比定期的强化更能触发多巴胺分泌,因为大脑很快就会适应定期的强化,认为这种强化不过是一种形式而已,而且随着时间的推移,这种预期会导致多巴胺反应的丧失。这就是为什么学校的许多奖励计划经常失去其价值的原因。工作人员没有动力去给予奖励,学生们也变得缺乏热情去接受奖励。对许多人来说，预期总是比实际得到的要好。人类是地球上唯一能在脑海中描绘出各种情景的生物。在预测可能发生的事情时，我们往往夸大了变化的影响。

将变化的影响扩大化的倾向被称为影响力偏差。一个常见的圣诞节场景可以清楚地说明这一点。当你还是个孩子的时候，你喜欢圣诞节。每年感恩节过后你就开始变得兴奋起来。随着圣诞节的临近，人们对圣诞节的期待与日俱增。你告诉圣诞老人你想要什么，并想办法在家里给父母留下一些巧妙的暗示。每当电视上出现你想要的那个特别的玩具时，你就会大叫"这个太棒了"。在平安夜，你几乎无法入睡，因为你知道第二天你的生活就要改变了。早上五点，你已经醒了，试图制造些噪音，这样你的父母就会醒过来。那一刻终于来了，你撕开包装，收到了你认为会永远改变你生活质量的玩具。到了圣诞节的下午，你妈妈看着你说："你怎么了？"你说："我很无聊。"她说："你为什么不玩你的新玩具呢？"你说："我玩过了，我已经玩厌了。"期待的过程会产生多巴胺反应。这就是为什么即使在经历了多次失望之后，人们还是会继续对某些事情感到兴奋。这并非什么神奇的能力，大脑的神奇之处在于它对未来的预期。这是许多教育机构奖励计划失败的另一个原因，没有足够的投入来建立对未来的预期。

奖励本身没有问题，问题是许多教育者不明白奖励是如何帮助人类大脑触发多巴胺的。奖励的不足之处往往与成人缺乏投入有关。当成人榜样的投入不足的时候，无论奖励的是什么，它都不会被群体所重视，也不会被给予者所重视，甚至不会有这样的预期。学校在安排奖励时也因为可预测性太强，使得奖励失去了惊喜的元素。

总而言之，建立一个可能被大脑强化的替代行为的五个要素如下：

1. 替代行为是按顺序完成的某个动作形式。
2. 将替代行为与杏仁核的三个需要之一进行关联。
3. 利用提示来触发替代行为。
4. 不断地练习替代行为。
5. 要奖励替代行为。
   □ 奖励必须是群体或给予者所看重的。
   □ 奖励必须让学生保持一定程度的预期。

考虑替代行为的保护性因素

复原力[①]理论根植于世界各地进行的大量纵向研究。这些研究追踪调查了许多人，以确定是什么原因导致了糟糕的生活结局。结论是，特定的风险因素与糟糕的生活结局有关。研究还认为，一个人遭遇何种风险因素并不重要，重要的是遭遇多少风险因素。在这些研究中，出现了一个复原力很强的群体。这个群体中包括那些生活现状不佳的高风险个体，但是他们最终过上了成

---

① 复原力是指一个人遭受挫折后，能够忍受和摆脱挫折的打击，在逆境中保持健康、正常的心理和行为的能力。——译者注

功的生活。在对这些人的研究中，很明确的一点是，他们拥有足够数量的保护性因素来抵消生活中的风险。这些保护性因素的存在看起来减少了问题的负面影响。

因此，当学校试图减少学生的负面行为时，合乎逻辑的做法是，不必浪费时间去评估应该考虑哪些干预措施，而是应该坚定地相信大型研究机构的研究结果，这些机构已经明确了减少长期的负面行为的方法。以下是在研究中发现的可以在学校环境中很容易推广的保护性因素（Vance & Sanchez, 1998）：

- 解决问题的能力
- 成为一个好学生的各项能力
- 是优秀的阅读者
- 具有感知能力
- 参与课外活动
- 与其他孩子相处的能力
- 与大多数成年人相处的能力
- 被大多数人认为是可爱的
- 被大多数人认为很有幽默感
- 表现出同理心
- 学校里成人的支持
- 朋友的支持
- 青少年相信生活事件在他们的掌控之中
- 青少年对未来有积极的和现实的期望
- 青少年积极规划未来

● 女性青少年思想独立

随后的课例展示了教师如何设计保护性因素，使之能够在课堂上、在学生平静的状态下经常得到练习。

课例附录：如何设计替代行为

本课例所选择的保护性因素解决了课堂上许多学生呈现的问题。这个课例展示了如何在课堂上持续地练习保护性因素。在本课例的后半部分，我们将介绍一些信息，说明如何促进保护性因素，使大脑能够强化新行为。

呈现问题

一个班里有30名学生，其中7名学生一直未能表现出适当的社交技能。他们似乎与那些和他们不在同一个社区、没有相同兴趣和观点的人无法相处。当他们生气时，他们往往会对同伴的善意评论反应过度。许多发生在课堂里的事件都是由于他们的反应过度造成的。结果导致教室里发生了太多的言语冲突、肢体冲突，也浪费了许多教学时间。本课例所介绍的方法本质上是预防性的，目标是建立一个防止危机发生的课堂氛围。在教室里会出现许多严重的行为，是因为我们在预防策略方面的投入不足。记住，糟糕的课堂管理是只在危机发生时才对其进行管理，而有效的课堂管理可以防止危机事件的发生。研究发现，提高学生的社交技能，改善学生之间的关系，可以减少欺凌、言语冲突和身体冲突，缓和种族与文化上的紧张关系。

如何促进保护性因素

教师决定将促进保护性因素作为课堂策略。这类课堂策略比个别干预有更多优势，它可以避免把任何一名学生单独挑出来进行干预。此外，这类课堂策略在促进保护性因素的同时，也促进了所有学生的健康发展。在学生平静的时候，这类课堂策略更容易让他们进行常规练习。

所选择的保护性因素：与同伴相处的能力（社交技能）

与同伴相处的能力是一种保护性因素，这通常在人生早期就会表现出来，并且始终如一。然而，儿童或青少年可以在以后的生活中发展这种保护性因素。当学生在各种不同的环境中都能够与同伴和谐相处时，他就有可能获得这种保护性因素。如果这一保护性因素在两年内不断展现出来，便可以将其视为内化了。能够包容来自不同背景、文化和社会经济地位的学生，是与同龄人和谐相处的最佳标志。

课程目标

- 了解社交技能在人生成功中所起的作用。
- 学会识别并正确解读非语言线索，以便在社交场合作出适当反应。
- 学习提高亲和力的具体技巧。

以下模块适用于9～12年级，但其实它可以成功地用于中学各年级。针对教师的指导用粗斜字显示。

如何更成功

虽然这是一堂社交技能课，但是没有使用社交技能这个术语。有严重情感障碍的学生不愿意与人相处，但他们也希望获得成功。此外，这类高危学生通常不喜欢社交技能训练这个词，因为这意味着他们缺乏社交技能。这些学生中有许多人相信，当他们想与人相处时，他们就可以做到。问题是，如果想在生活中获

得成功，需要拥有与可能和你不同的人相处的能力。而且，缺乏社交技能的人往往会吸引有类似问题的人。这阻碍了学生建立一个健康的支持网络系统。在极端情况下，缺乏社交技能会导致被他人拒绝，最终失去与他人相处的欲望。也许，提高社交技能的最大理由是这对大脑功能和学习有好处。

选择第一次想见面的人

教师将给学生展示下面的图片，让他们选择第一次想见面的人。本练习的目的是帮助学生认识到外部表达在社会交往中的重要作用。如果学生能够识别自己的外部表达，那么他们将能够更好地接受一个事实，即他们的外部表达需要与他们的社交目标保持一致。

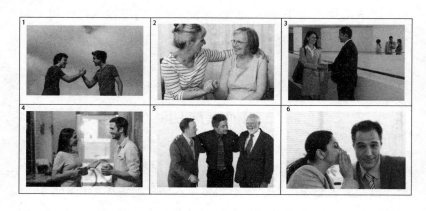

大多数学生会选择图 3[①]。一旦他们选择了图 3，教师就可以引导学生进行讨论，帮助他们更好地理解他们的大脑是如何进行选择的。

是什么帮助我们只是通过看一看就选择了正确的人？

- 我们的大脑中有一个杏仁形状的区域，叫作杏仁核，它帮助我们理解他人。此时是一个融入具身认知策略的好时机。教师可以提供一个真正的杏仁，让学生能够看到和摸到。然后，让学生用手做出杏仁的形状，帮助他们回忆杏仁核的名字。再给学生看一张杏仁核在人脑中的位置图。
- 杏仁核的主要工作是负责我们的生存。
- 杏仁核能够读懂面部表情。
- 杏仁核能够读懂身体语言。
- 杏仁核能够解释语调。

为什么你认为杏仁核能读懂人？

- 生存的需要。
- 能读懂他人，这一点是如何保护到你的？
- 你是否都同意我们一直在解读他人？

---

① 除了图 6，其余图片看上去都是正面、积极的社交方式，不知此处作者是否笔误，还是文化背景造成理解差异。——译者注

帮助学生理解预测和解释非语言线索如何在社交互动中起了重要作用,这一点很重要。

1. 这就是为什么我们看一看父母,就可以知道他们是不是正心烦。

2. 解读非语言线索与生存有关,有时人们陷入某场冲突仅仅是因为他人如何看待他们的方式或者说话的语气。

3. **重点**:当人们心烦意乱时,大脑对非语言线索更加敏感,并容易反应过度。

4. 我们的非语言线索决定了人们对我们的看法以及他们将如何对待我们。

当你第一次见到一个人时会发生什么?

● 看看下图中的人。

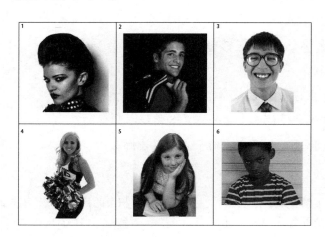

- 你是否仅仅通过看一看这些人就对他们每个人产生了看法？
- 在和别人见面的头 30 秒，我们都会对他们形成强烈的看法。
- 这意味着人们会在见到你的头 30 秒内形成对你的看法。
- 让学生写下他们对图 3、4 和 6 的看法。然后进行民意调查，看看有多少人有类似的看法。
  - □ 你认为人们对你的看法是什么样的？引导学生参与讨论，帮助他们明白自己的外表和态度在与他人交流中发挥了怎样的作用。询问学生是否喜欢他们在交流中所使用的非语言信息。然后问学生，如果他们想让更多的人在第一次看到他们时就想和他们交谈，他们认为自己可以做些什么来改变他们的外在形象。

两个需要知道的单词

这两个单词在神经科学领域很重要。任何时候我们真正感受到的情绪都会下意识地表达出来。强烈的情绪体验是有意识的，因而你更能意识到这些情绪。

- 有意识——意识到自己在想什么。
- 潜意识——你在思考，但却没有意识到。

这是一个可以结合具身认知策略的好方法，能够帮助我们回忆和理解，看下面的例子。

● 用图片来表示每个单词:

● 用动作来表示每个单词:

当我们第一次见到某人时

● 我们对他们的看法是有意识的。

- ☐ 你知道自己在想什么。
  - ○ 她很漂亮!
  - ○ 他看起来很刻薄!
- 还有很多其他的观点是潜意识的。
  - ☐ 你不知道自己想过,但其实你真的想过。
  - ☐ 你以为自己没有察觉到某些人,但其实你真的注意到了,并且形成了潜意识的观点。

为什么大脑会有意识地让个性鲜明的人脱颖而出?

- 出于生存的考虑。
- 大脑让你注意到那些吸引你的人。
- 任何人如果看起来对你构成威胁,大脑就会警告你。

以不同群体的人为研究对象所做的社会实验

- 重复实验40多次。
- 这项实验在40多个不同的州进行。
- 实验对象观看一个30秒的关于陌生人的视频剪辑。
  - ☐ 然后他们填写了一份关于这个人的详细问卷。
  - ☐ 对于他们不知道的事情,他们可以猜测答案。
- 研究者还要求认识这个人的人填写相同的问卷。
- 在开展这个实验的每个地方,实验结果都是一样的:
  - ☐ 看了30秒视频的人和经常看到此人的人,他们的回答大部分是相同的。

(Ambady & Rosenthal, 1992)

这意味着什么？

● 对于某一个人，大多数人的看法是相同的。让学生回忆一下他们是如何就之前看到的图片交换意见的。
  □ 你所感知到的就是现实（你所想的，你相信是真实的）。
  □ 你对某人的看法决定了你将如何对待他。

我们来做一个快速的活动

（这个活动是为了帮助学生体验到，如果人们根据他们对你的看法来对待你，这将会影响你的感受和行为。）

● 活动将让你看到人们对你的看法决定了：
  □ 他们怎么对待你。
  □ 你怎么对待你自己。

活动规则

这项活动需要提前制作发带。列出一个词汇表，包含不同程度的积极特征和消极特征，如漂亮、时髦、有趣、生气、班级小丑、恐怖、刻薄、受欢迎、体弱多病、富有、贫穷等。有50%的特征是积极的，50%的特征是消极的。每个发带上都写上一个特征。发带可以用厚纸或普通的层压纸制成。取 3 英寸宽 8 英寸长的纸条，在纸条中间用加粗的超大字体打印一个单词。在纸条两端各剪出一个足够大的孔，将松紧带插入其中，并在两端打结，这样发带就制作完成了。看下图的示例：

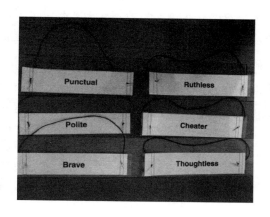

- 教师把发带正面朝下放在学生面前的桌子上。
- 在得到指示之前学生不能触摸发带。
- 当教师要求学生戴上发带时，学生不能去看发带上写了什么。
- 学生不能读出他人发带上的内容。
- 接到开始的指令后，每个人都起身进行社交活动。
- 假设每个人发带上的描述是真实的，你将会怎样对他们，那就如此对待他们。

活动指南

- 确保学生认真对待规则。

- 50%的发带上写着积极的个性特征,另外50%的发带上写着消极的个性特征。
- 若有以下迹象,教师便知道练习已经完成:
  □ 戴着写有负面性格特征的发带的学生聚集在一起。
  □ 学生因为他人对待他们的方式而在感情上受到影响。
- 教师应该注意到,这种练习经常会让一些学生体验到与他们的发带上的词汇相关的情绪。因此,给学生留出时间来进行这样的练习是很重要的,要帮助学生了解他们如何对待彼此可能会造成的情感伤害。重要的是,在这段经历之后,学生们意识到面部表情、姿势、语调以及穿着打扮都会让人们对自己产生一定的看法,而这种看法会影响他们对待你的态度和方式。他们对待你的态度和方式不仅会影响你的感受,而且会影响你对自己的看法。

什么非语言线索让人们在第一次见到你时对你产生积极的印象?

- 给人留下积极印象的第一个指标是,当对方遇到你时,你是否微笑了。
- 下图中所示的人和你非常不同。
  □ 即便如此,你的杏仁核也不会因此而烦恼,因为他们在微笑。

当你遇到新朋友时,杏仁核会发生什么变化?

- 杏仁核会收到提醒。
    □ 这意味着它可能反应过度。
- 杏仁核对长得像你自己的脸反应较少。
- 杏仁核对长得不像你但却在微笑的脸反应较少。

获得成功的技巧

技巧1:微笑

- 当你遇到新朋友时,一个微笑有助于别人愿意和你互动。

- 然而,在一些危险的环境中,微笑会使人处于危险之中。
  - 例如,在监狱中。
- 来自危险环境的人必须学会在没有危险的情况下改变自己的行为。
  - 不会微笑限制了成功。例如,降低了被工作单位录用、被同事喜欢以及升职的机会。

技巧2:问候

- 问候通常包含两个部分:口头表达和触摸。
  - 人类学家认为触摸很重要,因为原古的人类是使用触摸来识别危险和传递安全信息的。神经科学家现在知道触摸不仅仅是传递危险和安全信息的,我们的触觉与我们的情感是直接联系在一起的,触摸就像社交粘合剂一样把人们联系在一起。触摸有助于大脑更快地发展出信任和合作的感觉。因此,当人们第一次问候某人或与朋友重新联系时,他们会握手、击掌、握拳,甚至拍拍对方的后背,这并不奇怪。
  - 人类学家认为,原始人类仅仅是在已经形成的非语言的社交问候——触摸——的基础上增加了一些词汇。事实上,当我们互相问候时,我们会使用一些常用的短语,这是因为杏仁核会被熟悉感吸引。如果我们在互相问候时所说的话总是不一样,那会使我们感到焦虑。

技巧3:建立联系

- 你在谈话中问候了某人之后,接下来找出你们两人的共同点是很重要的。

- □ 当杏仁核发现你和别人有共同之处时，它就会平静下来。
- □ 因为杏仁核控制着你的情绪，所以让它保持平静很重要。
- □ 这在初次见面时尤其重要，因为在陌生人面前，杏仁核会保持警惕。

我们来做一个活动，体验一下与他人分享一些共同点是如何让杏仁核快乐的。

活动

- ● 在接下来的活动中，需要制作 PowerPoint 幻灯片，其中包括学生喜欢并愿意与同学分享的物品的图片。教师在屏幕上展示一张图片（图片和标题的示例如下），并传达以下步骤。
  - □ 如果你喜欢图片上的东西，请站起来。
  - □ 当你站着的时候，环顾四周，和至少另一个站着的人击掌。
- ● 每次你站起来的时候，找一个不同的人击掌。
  - □ 活动结束后，老师会给你一张表格，上面有活动中确认过的图片。把你的名字写在表格上，把有你喜欢的东西的图片圈起来并交上去。

利用表格中的信息，根据学生的共同点，在未来的小组作业中将他们进行分组。巧妙地将不经常与其他同学进行社交互动的学生分组，以便在课堂上保持高水平的社交舒适感。强烈建议在给学生分组时，在每个表格上都要显示活动中所使用的符号，以此来提醒学生最初的活动以及他们在做活动时的感受。

最成功的人总是专注于他们与他人的共同点

- 最成功的企业领导者善于与人打交道，能够在谈话中发现并强调他们与谈话对象的共同之处。
    - 当你能让别人的杏仁核感觉良好时，他们会认为你喜欢他们。
    - 相反，当你强调你们没有共同之处时，这样会刺激杏仁核。

□ 通过练习，可以培养你发现自己与他人的共同之处的能力。

● 在谈话过程中，练习倾听别人说话，注意别人说的那些你同意或你也喜欢的事情。

● 当你听到这样的内容时，一定要让对方知道你也有同样的想法或者你也喜欢同样的事情。

如何让杏仁核快乐的例子

让两个学生分别读对话。

场景1
——你为什么把鼓槌放在后兜里？
——我打鼓，当我学了一首新歌时，我就用我的鼓槌凌空打鼓。
——这真酷。我也用手指玩乐器，我弹吉他。
——我以前总是和朋友们聚在一起，后来我妈妈搬来这里工作。
——我有一些朋友弹吉他，我们有时一起出去玩，只是即兴演奏。
——你们想组建一支乐队吗？
——也许吧。找个时间你可以过来，让我们看看你的表演。

场景2
——我看你以那套鹰式装备而自豪。那是你喜欢的球队吗？

——是的，我是老鹰队的铁杆球迷！

——我也是！

——你星期天看那个演出了吗？

如何让杏仁核生气的例子

场景 1

——你为什么把鼓槌放在后兜里？

——我打鼓，当我学了一首新歌时，我想象着用鼓槌在空中打鼓。

——你不觉得你用鼓槌在空中打鼓的样子很疯狂吗？

——不，我不觉得！

——我觉得如果我那样做的话看起来很蠢。

——如果你觉得自己看起来很蠢，你可能真的很蠢。

——你说我蠢？

场景 2

——我看你以那套鹰式装备而自豪，那是你喜欢的球队吗？

——是的，我是老鹰队的铁杆球迷！

——那你一定喜欢失败！

——伙计，你得闭嘴！

复习能助你成功的三个技巧

- 技巧 1：微笑。
- 技巧 2：问候。
- 技巧 3：建立联系。

这看起来很简单，但如果真的简单，为什么不是每个人都能做到呢？所有的技能都需要练习。

掌握这些技巧的唯一方法就是练习

- 我希望你们都能更成功。这就是我们要做的。
    - 安排一个固定的时间让每个人都练习。
    - 两人组成一组。
        - 每个人要轮流开始发起与别人的谈话。
        - 当你接近别人时要微笑。
        - 问候他们。
        - 然后找出你们的共同点。
- 为现实生活中的情况进行练习。
    - 今年晚些时候，会有社区的商界人士前来与你们面谈，反馈你们的表现如何。

对学生来说，最初和他们喜欢的同学一起做这个练习还不错。然而，一旦学生适应了这个过程，要把他们分开，安排与他们迥

然不同的同学，甚至不同班级的同学在一组，这是一个好主意。

在本章的第一段，曾提到以一种可能增加大脑多巴胺强化的方式来促进保护性因素的重要性。以下的五个步骤包含了前一章中所确定的设计干预措施的要素，以产生多巴胺强化。我们的目标是，每次学生练习这些技巧时，都要包含以下步骤。记住，当外部支持结束时，被大脑自然强化了的行为将保持下去。

第一步

- 设计一个连续的动作
    - □ 微笑。
    - □ 问候。
    - □ 建立联系。

第二步

- 让杏仁核重视这个行动
    - □ 与他人建立联系的能力是人生成功的一个预测指标，这一观念必须让学生明确习得。可以把习得这个观念的过程简化为一个口号，当学生做某个动作时，不断地重复这一口号。
    - □ 成功是杏仁核的驱动力。
    - □ 口号："我们为了成功而建立联系。"

第三步

- 用视觉提示来触发行动
    - □ 每当下面的图片出现在黑板上，就该练习建立联系的能力了。

第四步

- 按计划进行的、持续的练习时间
  - 每周五练习一次,直到每个学生都有机会和班上的其他任何一个同学一起参加练习。

第五步

- 强化行动
  - 教师偶尔可以在课堂上进行一些游戏,看看学生有多了解彼此。这些游戏以一种有趣的方式激励学生发现他们与同学的共同之处,以便在做游戏时表现得更好。
  - 对自己与同学的共同点有深入了解的学生,教师随机地为他们颁发奖品。
  - 奖励应该是随机的,以便让学生有预期。

每次练习后与学生一起回顾是很重要的。看看学生是否能够找出他们的共同点以及共同点是什么。确保学生认识到,即使他们知道练习的目的,找出自己和其他人的共同点仍然会让大家都感觉良好。

第 16 章 教育的变革

学习是一个在人类大脑中产生一系列反应的行为。这些反应以过去无人能了解的方式改变了大脑。当成功完成学习时,学习的行为为终身学习创造了动力,也为所有未来的学习创造了绚烂多彩的前景。

学生过去所学的知识可以预测他将来会学习什么。大脑倾向于专注那些与已学的知识相关的内容,并且很容易理解它们。无需多复杂的方法,只需一位老师就能激发学生对阅读、数学或科学的兴趣,使学生的大脑在未来更专注于这些学科。父母经常给孩子读书或和孩子一起做数学题,这样会培养出一个在数学课上或讲故事时大脑更能集中注意力的学生。

然而,并不是所有的学生都准备好了去学习,这些学生需要的是一个经验丰富的教师。学生们有着各自不同的基因,也有着各自不同的经历，还来自不同的文化、环境，这一切都塑造了他们的大脑，使他们或是学得更轻松更快，或是在学业上苦苦挣扎。那些还没有准备好学习的学生需要这样的教师——他知道如何让大脑集中注意力，如何将新信息变成自动化反应，从而使学生掌握各种知识和技能；他能够接受高阶概念并将其转化为一种经验，让大脑能够得到身体的帮助，使来自不同背景的学生能够获得相似水平的理解能力；他知道高水平思维并非最聪明的人所特有的，只要满足了大脑的所有要求，任何人都可以达到。

今天的教师必须知道学生在变化，他们出生在一个节奏如此之快、技术如此先进的世界里，对刺激的需求仅仅是他们的一种生活方式。真正的教师知道，如果没有专注力，不会思考和解决问题，就不会有任何伟大的成就。因此，经验丰富的教师接受了新的挑战——重塑学生的大脑使其能够专注。

当学生开始专注，那些不可能的就会变成可能，他们不仅能够学习，而且能够发生转变。学生在快节奏的世界里让情绪稳定下来，大脑开始巩固连结，由这些连结可反映出情感保护、身体力量和认知持久性等信息。在那一刻，教师变成了一个治疗师。

与欺凌相关的一点是，我们的学生生活在这样的环境中——一些看似不错的东西比如智能手机正在威胁着他们人性中的一部分。他们关心他人的能力、感受他人痛苦的能力、在艺术中发现美的能力正在被剥夺。学生需要在教师的引导下进入新的技术时代，拥抱技术进步而不被技术毁掉。学生们需要帮助来应对这些新的挑战。自恋变得越来越普遍，不再只限于那些最受伤害的人。同理心的缺失导致某种程度的恶意正在滋生，这种恶意正变得越来越普遍。由来已久的欺凌问题如今在寻找新的作恶者,那些优秀和聪明的学生也正在成为自愿的参与者,还有一些体弱者正通过他们的电子设备匿名发起残酷的攻击。

教育能够填补这个裂口,帮助学生认识到失去同理心就如同失去灵魂一样。我们需要保护我们的灵魂,以便从深层次和有意义的层面理解这个世界。如果没有同理心,人们对话语的理解就会受到影响。最重要的是,同理心是我们保护人类能力的基础。

世界上许多严重的问题都可以通过简单的步骤来解决。比如,肥胖症危机要求我们吃正确的食物,按照自然规律运动。新时代技术的发展对大脑意想不到的负面影响也可以得到缓解——拔掉手机和电脑的电源插头,专注于一件事。仅仅通过面对面的交流,我们就能恢复以直觉的方式理解彼此的能力。然而,如果下一代没有意识到问题的存在,他们该如何防范呢?

因此,现在教育可能需要一场革命,来保护儿童和青少年的不断适应环境的大脑。如果采取持续的健康练习,大脑就会平静下来,并能够迅速恢复。关键是持续。学习的一个关键要素就是重复。重复决定了大脑会重视什么。持续的行为会改变大脑,并明确什么是值得做的,有回报的。教师如果对大脑及其面临的挑战有深刻的理解,就可以通过规范的行动练习对学生进行教育和转化。

从历史的角度看,成人或教育系统能否接受新行为并不断地加以实践,一直是教育系统面临的挑战。然而,科学让我们看到学生改变的希望,同样地,科学也让我们看到学校和成人改变的希望。改变可以始于一些简单的行为,这些行为已被科学证明能在人类大脑中产生积极的结果。教育系统需要规定并确保实践这些关键行为的时间。一旦这些行为得到不断重复，教育者就会看到学生的变化和成功，并且有动力去做更多的实践和探索。一旦这些实践得到重视，学生的新行为就会得到强化，成为习惯。

当前述所推荐的策略在系统的层面实施时，本书中所说的结果都会出现，并且出现的速度将明显提高。当整个学校都采用来自神经科学并在纵向的复原力研究中得到证实的教学策略时，学校的面貌就会焕然一新。那些曾经失败的学校将变成人们所向往的学校，那些想要成功的学生将渴望成为学校中的一员。让学生有能力直面新的挑战，这不再是老生常谈，而是我们一贯的做法，教育需要接受新的现实，即学校必须关照孩子的全面发展。

在教育史上，人类大脑内部的工作方式首次由理论进入实践，大多数基于大脑的方案验证了许多现有的教育实践。有一些神经科学的发现要求教育者对教学实践稍作修改，以更好地与当前的研究保持一致。然而，也有一些关于大脑内部工作方式的关键见解是学生不断发展的需求的基础，这些需求则需要革命性的改变，这些新问题需要新的解决办法。

然而，与学校氛围、教学和纪律相关的且经过验证的脑神经科学的实践无法制度化，这是无法解释的。

改变必然困难重重。为了保护学生，使他们免受一时的狂热和噱头可能带来的伤害与影响，教育的改变是缓慢的，这是无可非议的，但这种合理化与学校对信息技术的接纳是不一致的。许多教育工作者鼓励在学校和教室中使用信息技术，却没有对其有效性进行研究，也没有考虑到那些意想不到的后果，技术被接受的原因是由于它带来的舒适与便利。和大多数普通民众一样，许多教师也依赖智能手机，离不开 iPad。他们频繁地使用技术设备，完全不记得技术设备曾让他们感到难学难用的时刻。脑神经科学的应用必须达到同样的令人舒适的程度，才能让教育者接受它。为了达到这种舒适的程度，必须进行一场革命，让脑神经科学的研究成果渗透到学校的氛围、学生的纪律和教师的课堂教学中。

实施变革最初会遇到一些阻力，然而，如果教育工作者在这场艰难的变革中努力过、抗争过，终有一天，当他们回首往事时，他们会知道这样的奉献与付出是值得的。我们需要一场教育变革，因为危险已然来临，我们不能再继续等待下去。教学改革之战将使学生的学习最大化。这场战斗是必要的，因为孩子们的身心健康正在受到伤害。为了确保每个学生都有一个美好的未来，教育必须发生变革。在这个美好的新世界里，脑神经科学、医学、管理学、心理学和教育学等许多领域正汇聚在一起，支持那些不能再被忽视的理论。

那些已验证过的可靠的实践，今天我们就可以实施，为什么要等到明天？每个教育工作者都有能力敲响警钟，尽力使我们的教育系统达到最佳状态。革命万岁！

知己知彼，百战不殆。不知彼而知己，一胜一负。不知彼，不知己，每战必殆。

——《孙子兵法》

参考文献

Adler, N. E., Boyce, T., Chesney, M. A., Cohen, S., Folkman, S., Kahn, R. L., & Syme, S. L. (1994). Socioeconomic status and health. The challenge of the gradient. *American Psychologist, 49*, 15–24.

Ambady, N., & Rosenthal, R. (1992). Thin slices of expressive behavior as predictors of interpersonal consequences: A meta-analysis. *Psychological Bulletin, 111*, 256–274.

American Psychiatric Association. (2013). *Diagnostic and statistical manual of mental disorders* (5th ed.). Washington, DC: Author.

Bahrick, H. P., & Shelly, C. (1958). Time-sharing as an index of automatization. *Journal of Experimental Psychology, 56*, 288–293.

Baron-Cohen, S., Knickmeyer, R., & Belmonte, M. (2005). Sex differences in the brain: Implications for explaining autism. *Science, 310*, 819–823.

Bartholow, B. D., Bushman, B. J., & Sestir, M. A. (2006). Chronic violent video game exposure and desensitization: Behavioral and event-related brain potential data. *Journal of Experimental Social Psychology, 42*, 532–539.

Bédard, A., Lévesque, M., Bernier, P. J., & Parent, A. (2002). The rostral migratory stream in adult squirrel monkeys: Contribution of new neurons to the olfactory tubercle and involvement of the antiapoptotic protein Bcl-2. *European Journal of Neuroscience, 16*, 1917–1924.

Berenbaum, S. A., & Bailey, J. M. (2003). Effects on gender identity of prenatal androgens and genital appearance: Evidence from girls with congenital adrenal hyperplasia. *Journal of Clinical Endocrinology and Metabolism, 88*, 1102–1106.

Berkman, L. F. (1995). The role of social relations in health promotion. *Psychosomatic Medicine, 57*, 245–254.

Berridge, K. C. (2006). The debate over dopamine's role in reward: The case for incentive salience. *Psychopharmacology, 191*(3), 391–431.

Billington, J., Baron-Cohen, S., & Wheelwright, S. (2007). Cognitive style predicts entry into physical sciences and humanities: Questionnaire and performance tests of empathy and systemizing. *Learning and Individual Differences, 17,* 260–268.

Blachnio, A., & Weremko, M. (2011). Academic cheating is contagious: The influence of the presence of others on honesty. A study report. *International Journal of Applied Psychology, 1,* 14–19.

Blair, C. (2002). School readiness: Integrating cognition and emotion in a neurobiological conceptualization of child functioning at school entry. *American Psychologist, 57,* 111–127.

Bloom, B. S. (Ed). (1985). *Developing talent in young people.* New York, NY: Ballentine.

Blum, K. (1989). A commentary on neurotransmitter restoration as a common mode of treatment for alcohol, cocaine and opiate abuse. *Integrative Psychiatry, 6,* 199–204.

Boulware, M. I., Weick, J. P., Becklund, B. R., Kuo, S. P., Groth, R. D., & Mermelstein, P. G. (2005). Estradiol activates group I and II metabotropic glutamate receptor signaling, leading to opposing influences on cAMP response element-binding protein. *Journal of Neuroscience, 25,* 5066–5078.

Bransford, J. D. (1979). *Human cognition: Learning, understanding, and remembering.* Belmont, CA: Wadsworth.

Brotsky, S. R., & Giles, D. C. (2007). Inside the "pro-ana" community: A covert online participant observation. *Eating Disorders: The Journal of Treatment and Prevention, 15,* 93–109.

Brown v. Board of Education, 237 U.S. 483 (1954).

Buckner, R. L., Raichle, M. E., Miezin, F. M., & Petersen, S. E. (1996). Functional anatomic studies of memory retrieval for auditory words and visual pictures. *Journal of Neuroscience, 16,* 6219–6235.

Bunge, S. A., & Zelazo, P. D. (2006). A brain-based account of the development of rule use in childhood. *Current Directions in Psychological Science, 15,* 118–121.

Bushman, B. J., & Anderson, C. A. (2009). Comfortably numb: Desensitizing effects of violent media on helping others. *Psychological Science, 20,* 273–277.

Cannon, R. P., Schnall, S., & White, M. (2011). Transgressions and expressions: Affective facial muscle activity predicts moral judgements. *Social Psychological & Personality Science,* 325–331.

Carpenter, S. (2008). Buried prejudice. *Scientific American Mind, 19,* 33–39.

Carr E. G., McLaughlin D. M., Giacobbe-Greico T., & Smith C. E. (2003). Using mood ratings and mood induction in assessment and intervention for severe problem behavior. *American Journal on Mental Retardation, 108,* 32–55.

Carr, L., Iacoboni, M., Dubeau, M. C., Mazziotta, J. C., & Lenzi, G. L. (2003). Neural mechanisms of empathy in humans: A relay from neural systems for imitation to limbic areas. *Proceedings of the National Academy of Sciences, U.S.A., 100,* 5497–5502.

Carver, A. C., Livesey, D. J., & Charles, M. (2001). Further manipulation of the stop signal task: Developmental changes in the ability to inhibit responding with longer stop signal delays. *International Journal of Neuroscience, 111,* 39–53.

Castelli, D., Hillman, C., & Buck, S. (2007). Physical fitness and academic achievement in third- and fifth-grade students. *Journal of Sport & Exercise Psychology, 29,* 239–252.

Chapman, E., Baron-Cohen, S., Auyeung, B., Knickmeyer, R., Taylor, K., & Hackett, G. (2006). Fetal testosterone and empathy: Evidence from the empathy quotient (EQ) and the "Reading the Mind in the Eyes" test. *Social Neuroscience, 1,* 135–148.

Chatfield, T. (2010). *7 Ways games reward the brain* [Video]. Available from https://www.bmgi.com/big-ideas/research/tom-chatfield-7-ways-games-reward-brain

Chau, M., & Xu, J. (2007). *Studying customer groups from blogs.* Proceedings of the Sixth Workshop on E-Business (WEB2007), 200. Abstract retrieved from http://www.business.hku.hk/~mchau/papers/CustomerGroupsFromBlogs_WEB.pdf

Chiras, D. D. (2012). *Human body systems: Structure, function, and environment.* Burlington, MA: Jones & Bartlett Learning.

Cloninger, C. R. (1983). Genetic and environmental factors in the development of alcoholism. *Journal of Psychiatric Treatment Evaluation, 5,* 487–496.

Cohen, M. X. (2008). Neurocomputational mechanisms of reinforcement-guided learning in humans: A review. *Cognitive, Affective, and Behavioral Neuroscience, 8*(2), 113–125.

Cooke, S. F., & Bliss, T. V. P. (2006). Plasticity in the human nervous system. *Brain, 129*(7), 1659–1673.

Creer, D. J., Romberg, C., Saksida, L. M., van Praag, H., Bussey, T. J. (2010). Running enhances spatial pattern separation in mice. *Proceedings of the National Academy of Sciences, 107*(5), 2367–2372. doi:10.1073/pnas.0911725107

Cummings, E. E. (1994). *Complete poems, 1904–1962.* New York, NY: Liveright.

Davis IV, H., Liotti, M., Ngan, E.T., Woodward, T. S., Van Snellenberg, J. X., van Anders, S. M., . . . Mayberg, H.S. (2008). fMRI BOLD signal changes in elite swimmers when viewing videos of personal failure. *Brain Imaging and Behavior, 2,* 84–93.

DeThorne, L. S., & Schaefer, B. A. (2004). A guide to child nonverbal IQ measures. *American Journal of Speech-Language Pathology, 13,* 275–290.

Duggan, M. (2014). *Online harassment.* Washington, DC: Pew Research Center. Retrieved from www.pewinternet.org/2014/10/22/online-harassment/

Dygdon, J. A. (1998). Culture and lifestyle appropriate social skills intervention curriculum (CLASSIC): A program for socially valid social skills training (2d ed.). Austin, TX: PRO-ED.

Erickson, K. I., Prakash, R. S., Voss, M. W., Chaddock, L., Hu, L., Morris, K. S., White, S. M., . . . Kramer, A. F. (2009). Aerobic fitness is associated with hippocampal volume in elderly humans. *Hippocampus, 19,* 1030–1039.

Fang, F. C., Bennett, J. W., & Casadevall, A. (2013). Males are overrepresented among life science researchers committing scientific misconduct. *mBio, 4*(1), e00640-12. doi: 10.1128/mBio.00640-12

Fazio, R. H. (2014). Understanding implicit bias: How and when our actions fail to match our motivations. Invited presentation sponsored by the Implicit Bias Collaborative, The Women's Place at The Ohio State University, Columbus.

Ferreira, J. G., Tellez, L. A., Ren, X., Yeckel, C. W., de Araujo, I. E. (2012). Regulation of fat intake in the absence of flavour signalling. *Journal of Physiology, 590*(4), 953–972. doi: 10.1113/jphysiol.2011.218289

Firk, C., & Markus, C. R. (2009). Mood and cortisol responses following tryptophan-rich hydrolyzed protein and acute stress in healthy subjects with high and low cognitive reactivity to depression. *Clinical Nutrition, 28*(3), 266–271. doi: 10.1016/j.clnu.2009.03.002

Fletcher, P. C., Frith, C. D., Grasby, P. M., Shallice, T., Frackowiak, R. S. J., & Dolan, R. J. (1995). Brain systems for encoding and retrieval of auditory-verbal memory. *Brain, 118*, 401–416.

Fujioka, T., Ross, B., Kakigi, R., Pantev, C., & Trainor, L. J. (2006). One year of musical training affects development of auditory cortical-evoked fields in young children. *Brain, 129*, 2593–2608.

Funk, J. B., Baldacci, H. B., Pasold, T., & Baumgardner, J. (2004). Violence exposure in real-life, video games, television, movies, and the internet: Is there desensitization? *Journal of Adolescence, 27*, 23–39. doi: 10.1016/j.adolescence.2003.10.005

Gergen, K. J, Gergen, M. M., & Barton, W. H. (1973). Deviance in the dark. *Psychology Today, 7*, 129–131.

Gino, F., & Ariely, D. (2012). The dark side of creativity: Original thinkers can be more dishonest. *Journal of Personality and Social Psychology, 102*, 445–459. doi:10.1037/a0026406

Gino, F., Ayal, S., & Ariely, D. (2009). Contagion and differentiation in unethical behavior: The effect of one bad apple on the barrel. *Psychological Science, 20*, 393–398.

Gobet, F., & Simon, H. A. (1998). Expert chess memory: Revisiting the chunking hypothesis. *Memory, 6*, 225–255.

Godefroy, O., Lhullier, C., & Rousseaux, M. (1996). Non-spatial attention disorders in patients with frontal or posterior brain damage. *Brain, 119*, 191–202.

Gómez-Pinilla, F. (2008). Brain foods: The effects of nutrients on brain function. *Nature Reviews Neuroscience, 9*, 568–578.

Goold, C. P., & Nicoll, R. A. (2010). Single-cell optogenetic excitation drives homeostatic synaptic depression. *Neuron, 68*, 512–528.

Greenya, J. (2005). *Bullying: Are schools doing enough to stop the problem?* CQ Researcher. doi:http://dx.doi.org/10.4135/9781483349237.n18cqpress.com/cqresearcher/document.ph p?id=cqresrre2005020400&type=hitlist

Hamilton, J. (2008, Oct. 9). *Think you're multitasking? Think again*. Retrieved from http://www.npr.org/templates/story/story.php?storyId=95256794

Havas, D. A., Glenberg, A. M., Gutowski, K. A., Lucarelli, M. J., & Davidson, R. J. (2010). Cosmetic use of Botulinum Toxin-A affects processing of emotional language. *Psychological Science, 21*, 895–900. doi:10.1177/0956797610374742

Hennenlotter, A., Dresel, C., Castrop, F., Ceballos-Baumann, A. O., Wohlschlager, A. M., & Haslinger, B. (2009). The link between facial feedback and neural activity within central circuitries of emotion—New insights from botulinum toxin-induced denervation of frown muscles. *Cerebral Cortex, 19*, 537–542.

Hensch, T. K. (2004). Critical period regulation. *Annual Review of Neuroscience, 27*, 549–579.

Hinrichs, P. (2010). The effects of the National School Lunch Program on education and health. *Journal of Policy Analysis and Management, 29*(3), 479–505. doi:10.1002/pam.20506

Hoek, H. W., & van Hoeken, D. (2003). Review of the prevalence and incidence of eating disorders. *International Journal of Eating Disorders, 34*, 383–396.

Hudson J. I., Hiripi E., Pope, H. G. Jr., & Kessler R. C. (2007). The prevalence and correlates of eating disorders in the National Comorbidity Survey Replication. *Biological Psychiatry, 61*, 348–358.

Ingwersen, J., Defeyter, M. A., Kennedy, D. O., Wesnes, K. A., & Scholey, A. B. (2007). A low glycaemic index breakfast cereal preferentially prevents children's cognitive performance from declining throughout the morning. *Appetite, 49*, 240–244.

Institute for Health Metrics and Evaluation. (2013). *The state of U.S. health: Innovations, insights, and recommendations from the Global Burden of Disease Study*. Seattle, WA: Author.

Inzlicht, M., Bartholow, B. D., & Hirsh, J. B. (2015). Emotional foundations of cognitive control. *Trends in Cognitive Sciences, 19*, 126–132.

Jha, A. P., Stanley, E. A., Kiyonaga, A., Wong, L., & Gelfand, L. (2010). Examining the protective effects of mindfulness training on working memory and affective experience. *Emotion, 10*, 54–64.

Johanson, D., & Edgar, B. (1996). *From Lucy to language*. New York, NY: Simon & Schuster.

Johnson, P. M., & Kenny, P. J. (2010). Dopamine D2 receptors in addiction-like reward dysfunction and compulsive eating in obese rats. *Nature Neuroscience, 13*, 635–641.

Johnson-Laird, P. (1983). *Mental models*. Cambridge, MA: Harvard University Press.

Keller, T. A., & Just, M. A. (2009). Altering cortical connectivity: Remediation-Induced changes in the white matter of poor readers. *Neuron, 64*, 624–631. doi: 10.1016/j.neuron.2009.10.018

Keys, A., Brožek, J., Henschel, A., Mickelsen, O., & Taylor, H. L. (1950). *The biology of human starvation* (2 volumes). St. Paul: University of Minnesota Press.

Kiecolt-Glaser, J. K., McGuire, L., Robles, T., & Glaser, R. (2002). Psychoneuroimmunology: Psychological influences on immune function and health. *Journal of Consulting and Clinical Psychology, 70*, 537–547.

Kiesler, S., Siegel, J., & McGuire, T. W. (1984). Social psychological aspects of computer-mediated communication. *American Psychologist, 39*, 1123–1134.

Konrath, S., O'Brien, E., & Hsing, C. (2010). Changes in dispositional empathy in American college students over time: A meta-analysis. *Personality and Social Psychology, 15*, 180–198. Retrieved from http://dx.doi.org/10.1145/1180875.1180901

Kraus, N., & Chandrasekaran, B. (2010). Music training for the development of auditory skills. *Nature Reviews Neuroscience, 11*, 599–605.

Kuhl, P. (2011). Early language learning and literacy: Neuroscience implications for education. *Mind, Brain, and Education, 5*, 128–142. Retrieved from http://www.ncbi.nlm.nih.gov/pubmed/21892359

Kuhl, P. K., Coffey-Corina, S., Padden, D., & Dawson, G. (2005). Links between social and linguistic processing of speech in preschool children with autism:

Behavioral and electro-physiological evidence. *Developmental Science, 8,* 1–12.

LaBerge, D., & Samuels, S. J. (1974). Toward a theory of automatic information processing in reading. *Cognitive Psychology, 6,* 293–323.

Lajoie, G., McLellan, A., & Seddon, C. (2001). *Take action against bullying.* Coquitlam, B.C., Canada: Bully B'ware Productions.

LeDoux, J. E. (1996). *The emotional brain.* New York, NY: Simon & Schuster.

Leon-Carrion, J., García-Orza, J., & Pérez-Santamaría, F. J. (2004). Development of the inhibitory component of the executive functions in children and adolescents. *International Journal of Neuroscience, 114,* 1291–1311.

Levine, S. (2008). *School lunch politics: The surprising history of America's favorite welfare program.* Princeton, NJ: Princeton University Press.

Lozoff, B., De Andraca, I., Castillo, M., Smith, J., Walter, T., & Pino, P. (2003). Behavioral and developmental effects of preventing iron-deficiency anemia in healthy full-term infants. *Pediatrics, 112,* 846–854.

Luders, E., Kurth, F., Mayer, E. A., Toga, A. W., Narr, K. L., & Gaser, C. (2012). The unique brain anatomy of meditation practitioners: Alterations in cortical gyrification. *Frontiers in Human Neuroscience, 6,* 34. doi:10.3389/fnhum.2012.00034

Lutchmaya, S., Baron-Cohen, S., & Raggatt, P. (2002). Foetal testosterone and eye contact in 12-month-old human infants. *Infant Behavior and Development, 25,* 327–335.

Lutz, A., Slagter, H. A., Dunne, J., & Davidson, R. J. (2008). Attention regulation and monitoring in meditation. *Trends in Cognitive Sciences, 12,* 163–169.

Malamuth, N., Linz, D., & Yao, M. (2005). The Internet and aggression: Motivation, disinhibitory and opportunity aspects. In Y. Amichai-Hamburger (Ed.), *The social net: Understanding human behavior in cyberspace* (pp. 163–190). New York, NY: Oxford University Press.

Malterer, M. B., Lilienfeld, S. O., Neumann, C. S., & Newman, J. P. (2009). Concurrent validity of the psychopathic personality inventory with offender and community samples. *Assessment, 17,* 3–15.

Martinson, B. C., Anderson, M. S., & de Vries, R. (2005). Scientists behaving badly. *Nature, 435,* 737–738.

McCabe, D. L., & Treviño, L. K. (1997). Individual and contextual influences on academic dishonesty: A multicampus investigation. *Research in Higher Education, 38,* 379–396.

McGee, M. G., & Wilson, D. W. (1984). *Psychology: Science and application.* St. Paul, MN: West.

Medeiros-Ward, N., Watson, J. M., & Strayer, D. L. (2012). Supertaskers and the multitasking brain. *Scientific American Mind, 23,* 22–29.

Meltzoff, A. N., Kuhl, P. K., Movellan, J., & Sejnowski, T. (2009). Foundations for new science of learning. *Science, 17,* 284–288.

Miles, L. K., Karpinska, K., Lumsden, J., & Macrae, C. N. (2010). The meandering mind: Vection and mental time travel. *PLoS ONE* 5(5), e10825. doi:10.1371/journal.pone.0010825

Mirsky, S. (2008, December 3). The science of pain [Audio podcast]. Retrieved from http://www.scientificamerican.com/podcast/episode/the-science-of-pain-08-12-03/

Morgan, T. J. H., Uomini, N. T., Rendell, L. E., Chouinard-Thuly, L., Street, S. E., Lewis, H. M., . . . Laland, K. N. (2015). Experimental evidence for the co-evolution of hominin tool-making teaching and language. *Nature Communications, 6,* 6029.

Munakata, Y., Herd, S. A., Chatham, C. H., Depue, B. E., Banich, M. T., & O'Reilly, R. C. (2011). A unified framework for inhibitory control. *Trends in Cognitive Sciences, 15,* 453–459.

The National Center on Addiction and Substance Abuse at Columbia University. (2011). The importance of family dinners VII. Retrieved from http://www.centeronaddiction.org/addiction-research/reports/importance-of-family-dinners-2011.

Neville, H. J. (Executive Producer), Marquez, A. (Producer/Director), Taylor, P. (Producer), & Pakulak, E. (Producer). (2009). *Changing brains: Effects of experience on human brain development* [Motion picture]. Eugene: University of Oregon.

Niedenthal, P. M., Winkielman, P., Mondillon, L., & Vermeulen, N. (2009). Embodied emotion concepts. *Journal of Personality and Social Psychology, 96,* 120–136.

Núñez, R. E., & Sweetser, E. (2006). With the future behind them: Convergent evidence from Aymara language and gesture in the crosslinguistic comparison of spatial construals of time. *Cognitive Science, 30,* 1–49.

Ophir, E., Nass, C. I., & Wagner, A. D. (2009). Cognitive control in media multitaskers. *Proceedings of the National Academy of Sciences, 106,* 15583–15587. doi: 10.1073/pnas.0903620106

Pea, R., Nass, C., Meheula, L., Rance, M., Kumar, A., Bamford, H., . . . Zhou, M. (2012). Paper media use, face-to-face communication, media multitasking, and social well-being among 8 to 12 year old girls. *Developmental Psychology, 48,* 327–336. doi:10.1037/a0027030

Peterson, R. (2005). Investing lessons from neuroscience: fMRI of the reward system. *Brain Research Bulletin, 67,* 391–397.

Plessy v. Ferguson, 163 U.S. 537 (1896).

Popkin, B. M. (2006). Global nutrition dynamics: The world is shifting rapidly toward a diet linked with noncommunicable diseases. *American Journal of Clinical Nutrition, 84,* 289–298.

Porter, S., Fairweather, D., Drugge, J., Herve, H., Birt, A. R., & Boer, D. P. (2000). Profiles of psychopathy in incarcerated sexual offenders. *Criminal Justice & Behavior, 27,* 216–233.

Preston, S. D., & de Waal, F. B. M. (2002). Empathy: Its ultimate and proximate bases. *Behavioral and Brain Sciences, 25,* 1–72.

Puig, M. V., & Miller, E. K. (2012). The role of prefrontal dopamine D1 receptors in the neural mechanisms of associative learning. *Neuron, 74,* 874–886.

Rampersaud, G. C., Pereira, M. A., Girard, B. L., Adams, J., & Metzl, J. D. (2005). Breakfast habits, nutritional status, body weight, and academic performance in children and adolescents. *Journal of the American Dietetic Association, 105,* 743–760.

Rauscher, F. H., Shaw, G. L., & Ky, K. N. (1993). Music and spatial task performance. *Nature, 365*(6447), 611.

Robertson, I. H. (2012). *The winner effect: How power affects your brain.* London,

England: Bloomsbury.

Robinson, A. L., Heaton, R. K., Lehman, R. A., & Stilson, D. W. (1980). The utility of the Wisconsin Card Sorting Test in detecting and localizing frontal lobe lesions. *Journal of Consulting and Clinical Psychology, 48,* 605–614.

Ruby, P., & Decety, J. (2004). How would you feel versus how do you think she would feel? A neuroimaging study of perspective-taking with social emotions. *Journal of Cognitive Neuroscience, 16,* 988–999.

Rudge, P., & Warrington, E. K. (1991). Selective impairment of memory and visual perception in splenial tumors. *Brain, 114,* 349–360.

Sanchez, E., Robertson, T. R., Lewis, C. M., Rosenbluth, B., Bohman, T., & Casey, D. M. (2001). Preventing bullying and sexual harassment in elementary schools: The expect respect model. In R. A. Geffner, M. Loring, & C. Young (Eds.), *Bullying behavior: Current issues, research, and interventions* (pp. 157–180). New York, NY: Haworth Maltreatment & Trauma Press.

Schultz, W. (2007). Behavioral dopamine signals. *Trends in Neuroscience, 30,* 203–210.

Skipper, J. I., Goldin-Meadow, S., Nusbaum, H. C., & Small, S. L. (2009). Gestures orchestrate brain networks for language understanding. *Current Biology, 19,* 661–667.

Small, G, & Moody, T. (2009). Your brain on Google: Patterns of cerebral activation during Internet searching. *American Journal of Geriatric Psychiatry, 17,* 116–126.

Snedeker, J., Geren, J., & Shafto, C. (2007). Starting over: International adoption as a natural experiment in language development. *Psychological Science, 18,* 79–87.

Spitzer, M., Fischbacher, U., Herrnberger, B., Grön, G., & Fehr, E. (2007). The neural signature of social norm compliance. *Neuron, 56,* 185–196.

Srinivasan, S., Sadegh, L., Elle, I. C., Christensen, A. G., Faergeman, N. J., & Ashrafi, K. (2008). Serotonin regulates C. elegans fat and feeding through independent molecular mechanisms. *Cell Metababolism, 7,* 533–544.

Steen, R. G. (2011). Retractions in the scientific literature: Is the incidence of research fraud increasing? *Journal of Medical Ethics 37,* 249–253.

Stice, E., Yokum, S., Blum, K., & Bohon, C. (2010). Weight gain associated with reduced striatal response to palatable food. *Journal of Neuroscience, 30,* 13105–13109.

Stice, E., Yokum, S., Bohon, C., Marti, N., & Smolen, A. (2010). Reward circuitry responsivity predicts weight gain: Moderating effects of DRD2 and DRD4. *NeuroImage, 50,* 1618–1625.

Sylvester, C., Voelkl, J. E., & Ellis, G. D. (2001). *Therapeutic recreation programming: Theory and practice.* State College, PA: Venture.

Teicher, M. H., Samson, J. A., & Polcari, A., & McGreenery, C. E. (2006). Sticks, stones, and hurtful words: Relative effects on various forms of childhood maltreatment. *American Journal of Psychiatry, 163,* 993–1000.

Thomaes, S., Bushman, B. J., Orobio de Castro, B., & Stegge, H. (2009). What makes narcissists bloom? A framework for research on the etiology and development of narcissism. *Development and Psychopathology, 21,* 1233–1247.

Twenge, J. M. (2006). *Generation me: Why today's young Americans are more confident, assertive, entitled—and more miserable than ever before.* New York, NY: Free Press.

Uchino, B. N. (2004). *Social support and physical health outcomes: Understanding the health consequences of our relationships.* New Haven, CT: Yale University Press.

Uchino, B. N. (2009). Understanding the links between social support and physical health: A lifespan perspective with emphasis on the separability of perceived and received support. *Perspectives in Psychological Science, 4,* 236–255.

Valenstein, E., Bowers, D., Verfaellie, M., Heilman, K. M., Day, A., & Watson, R. T. (1987). Retrosplenial amnesia. *Brain, 110,* 1631–1646.

Van Dijk, T. A., & Kintsch, W. (1983). *Strategies of discourse comprehension.* New York, NY: Academic Press.

Vance, E., & Sanchez, H. (1998). *Creating a service system that builds resiliency.* Raleigh: North Carolina Division of Mental Health, Developmental Disabilities, and Substance Abuse Services. Retrieved from http://www.telability.org/handouts/risk-resiliency-vance.pdf

Volkow, N. D., Chang, L., Wang, G. J., Fowler, J. S., Leonido-Yee, M., Franceschi, D., . . . Miller, E. N. (2001). Dopamine transporter losses in methamphetamine abusers are associated with psychomotor impairment. *American Journal of Psychiatry, 158,* 377–382.

Wansink, B., & Johnson, K. A. (2015). The clean plate club: About 92% of self-served food is eaten. *International Journal of Obesity, 39,* 371–374. doi: 10.1038/ijo.2014.104

Wardle, J., & Cooke, L. (2008). Genetic and environmental determinants of children's food preferences. *British Journal of Nutrition, 99,* S15–S21.

Wesselmann, E. D., Butler, F. A., Williams, K. D., & Pickett, C. L. (2010). Adding injury to insult: Unexpected rejection leads to more aggressive responses. *Aggressive Behavior, 36,* 232–237.

Whitmore, J., & Maker, C. (1985). *Intellectual giftedness in disabled persons.* Rockville, MD: Aspen.

Williams, B. R., Ponesse, J. S., Schachar, R. J., Logan, G. D., & Tannock, R. (1999). Development of inhibitory control across the life span. *Developmental Psychology 35,* 205–213.

Williams, K. D., Cheung, C. K. T., & Choi, W. (2000). Cyberostracism: Effects of being ignored over the Internet. *Journal of Personality and Social Psychology, 79,* 748–762.

Wurtman, R. J., & Wurtman, J. J. (1989). Carbohydrates and depression. *Scientific American, 260*(1), 68–75.

图书在版编目（CIP）数据

教育变革：利用脑科学改善教学与校园文化／（美）奥拉西奥·桑切斯著；任红瑚，叶川译．—上海：华东师范大学出版社，2020
 ISBN 978-7-5760-0764-0

Ⅰ.①教… Ⅱ.①奥…②任…③叶… Ⅲ.①脑科学—应用—课堂教学—研究 Ⅳ.① G424.21

中国版本图书馆 CIP 数据核字（2020）第 157740 号

大夏书系·西方教育前沿

教育变革：利用脑科学改善教学与校园文化

著　　者	［美］奥拉西奥·桑切斯
译　　者	任红瑚　叶川
策划编辑	李永梅
责任编辑	杨坤　韩贝多
责任校对	殷艳红
封面设计	淡晓库
出版发行	华东师范大学出版社
社　　址	上海市中山北路3663号　邮编　200062
网　　址	www.ecnupress.com.cn
电　　话	021-60821666　行政传真　021-62572105
客服电话	021-62865537
邮购电话	021-62869887　地址　上海市中山北路3663号华东师范大学校内先锋路口
网　　店	http://hdsdcbs.tmall.com
印 刷 者	北京密兴印刷有限公司
开　　本	890×1240　32开
插　　页	1
印　　张	8
字　　数	172千字
版　　次	2020年10月第一版
印　　次	2022年10月第三次
印　　数	8 001-10 000
书　　号	ISBN 978-7-5760-0764-0
定　　价	35.00元
出 版 人	王焰

（如发现本版图书有印订质量问题，请寄回本社市场部调换或电话021-62865537联系）